うかる！

行政書士

JN058990

憲法・商法・
一般知識等
解法スキル
完全マスター

平林 勉／伊藤塾編

日本経済新聞出版

はしがき

　本書は,『うかる！ 行政書士 民法・行政法 解法スキル完全マスター』の姉妹書です。コンセプトも変わらず,「問題が解ける人の頭の中は,一体どうなっているのだろう」という疑問を解き明かすことにあります。

　本書で扱う憲法・商法・一般知識等は,いずれも闇雲に学習していても,点数に結びつきません。それぞれの科目の特性に応じた対策が必要であり,それが攻略のポイントになります。

　憲法は,各テーマに関する共通の考え方や背景を理解することが重要です。本書を通じて,その背景にある考え方を徹底的に学習してみてください。そうすれば,未知の問題についても,十分に対処できるようになるはずです。
　商法（会社法）は,各制度の趣旨が明瞭であるため,制度趣旨の理解に努めれば,記憶する量がかなり少なくなります。本書では,なるべくわかりやすく制度趣旨のイメージをつかめるように説明をしました。
　一般知識等は,過去問で問われた知識が繰り返し出題されることはまれで,学習の範囲外からの出題も目立ちます。対策が難しいことで有名ですが,独自の基準点が設けられていますから,適当に対策をすることもできません。そこで,学習していないことが問われてしまった場合に,どのように問題を読んでいくと解答を導きやすくなるのか,という具体的な攻略法を説明しています。いわゆる受験テクニックですが,基準点突破のためには,こういったテクニックを最大限に活用することも必須であると考えています。

　ぜひ,本書を有効に活用して,合格を勝ち取ってください。

2021年9月

平林　勉

目　次

憲　法

商　法

一般知識等

・本書は2021年10月1日時点の現行法令に準じて作成されています。

・刊行後の法改正などの新情報は，伊藤塾ホームページに掲載いたします。
　https://www.itojuku.co.jp/shiken/gyosei/index.html

ガイダンス

本 書 の 特 長

1 インプットとアウトプットの橋渡し

　本書は，伊藤塾で開講している行政書士中上級講座の「解法技術完全マスター」から，法令等のサブ科目（憲法及び商法）と一般知識等の得点を効率的にアップさせるのに欠かせない重要なテーマを選定し，書籍化したものです。

　伊藤塾に限らず多くの受験指導校の講座は，法学の知識を学ぶためのインプット講義が中心で，問題を解く（＝アウトプット）訓練は，演習講座や模擬試験で行います。つまり，インプット講義で知識をつけた後は，自分の力で問題を解く能力を磨いていく必要があります。

　「解法技術完全マスター講義」では，このインプットとアウトプットの橋渡しを行っています。具体的には，

　　①テーマごとに，どのようなことを想定しておくとよいか

　　②問題文のどこに着眼点を置いて，学んだ知識の何を思い出すべきか

　　③自分の学んできた知識から，いかに未知の問題に対応するか

という実践的な解法の訓練を行っています。

　本書においても，　解法の鉄則　を最初に掲げ，何を，どの順序で検討していくべきかを明確にしていきます。その後，設問として実際の過去問を取り上げて検討することで，問題文のキーワードを見つけて適確に反応し，問題を解くために必要なことを想起できるように訓練していきます。

2 知識を確実なものにする

　インプットとアウトプットの橋渡しとは，「うかる！ 行政書士」シリーズ（日本経済新聞出版）のうち，『うかる！ 行政書士 総合テキスト』（＝インプット用教材）と『うかる！ 行政書士 総合問題集』（＝アウトプット用教材）の橋渡しをする教材ということです。そのため，各分野の冒頭に，この２冊がリンクしているChapterを表示しています。まだ知識が不十分であったり，本書の細部が理解できなかったりする場合は，『うかる！ 行政書士 総合テキスト』の該当す

るChapterを参照して，知識を確実なものにしてください。

　また，各テーマの解法のスキルが身についたかどうか試すためにも，『うかる！ 行政書士 総合問題集』の該当するChapterの過去問にチャレンジしてみてください。

　これらと本書を徹底的に活用し，合格を勝ち取ってほしいと思います。

3 解法スキルをマスターする

　本書は，本試験において，法令等のメイン科目として位置づけられる行政法及び民法に対して，サブ科目として位置づけられる憲法（択一式20点，多肢選択式8点），商法（択一式20点），及び一般知識等（択一式56点）の得点を伸ばすために効果的な，解法のスキルをマスターすることを目的としています。

　過去問を中心に解法のスキルを学ぶため，インプットした知識が少ない場合であっても，本試験では何が問われているのかのみならず，どんな知識が必要なのかも効率よく，実践を通して学べます。

　また，本書はその一番の特長として，インプットした知識が演習や模擬試験などのアウトプットとなると十分に活かせないという受験生であっても，問題文のキーワードにしっかりと反応し，必要な知識や方法をスムーズに思い出せるようにする手法を身につけることができます。

　さらに，本書の各所に配置した図や表は，各分野のテーマに沿った知識を整理したものです。試験直前期には，これらの図や表で知識の定着を図って知識を確実なものとし，更に 解法の鉄則 で解法のスキルを復習することで，盤石な力をつけることにつながります。この知識部分は，試験直前期のまとめノートとしても役立ちます。

4 合格点と基準点を突破する

　行政書士試験の試験科目は，法令等科目（基礎法学・憲法・行政法・民法・商法）と一般知識等科目ですが，行政書士試験に確実に合格するためには，配点や試験科目の特性を考えたうえで，各科目をメリハリをつけて効率よく学習していく必要があります。

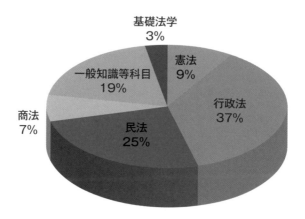

　このグラフは，行政書士試験の試験科目の配点を円グラフにしたものです。これを見ればわかるように，行政書士試験は，行政法（37％）と民法（25％）の2科目だけで全体の約60％を超える試験であり，この2科目を重点的に学ぶ必要があります。

　もっとも，近年の行政書士試験では，メイン科目とされる行政法と民法の難易度が高くなる傾向にあることから，合格点を確実に突破するためには，サブ科目とされる憲法や商法においても，一定の得点を上積みするための対策を立てておくことが不可欠です。また，試験制度上，法令等科目で合格点に達していても，一般知識等科目で基準点（24点＝14問中6問）に達しなければ，合格することはできません。

　そこで，限られた学習時間の中で，憲法，商法，一般知識等の得点を効率よく短期間に伸ばすために，それらの解法のスキルをマスターすることが，合格を確実にするためのカギを握ることになります。

　メイン科目は，姉妹書の『うかる！ 行政書士 民法・行政法 解法スキル完全マスター』で苦手意識を克服し，サブ科目と一般知識等は本書を利用し，確実に合格点をとれるようにしましょう。

本書の使い方

　本書は，インプットした知識をどのように活かして正解にたどり着くかという解法のスキルを身につけるものです。そのため，効果的に学習ができるように，次のような構成になっています。

1. テーマの構造をつかもう

1　この章で学習するテーマです。まずは，頭の整理のためにも，全体の分野のどこを学習するのかを確認しましょう。

2　『うかる！ 行政書士 総合テキスト』(「総合テキスト」と表示) と『うかる！ 行政書士 総合問題集』(「総合問題集」と表示) における該当するテーマのChapter等を記載しています。

　まだ知識に不安があったり，このテーマの細部が理解できなかったりする場合は，『総合テキスト』を参照しましょう。

　このテーマを学習し終えたら，『総合問題集』の該当箇所の過去問題で，解法のスキルが身についたかどうか，試しましょう。

3　これから学習するテーマのポイントや学習指針を記載しています。

　イントロダクションに目を通して，どのように学習していけばよいのかをイメージしてから当該テーマの学習を始めましょう。

２．解法の流れを確認しよう

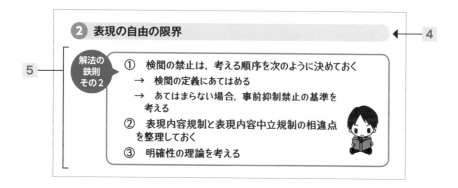

4 当該テーマの中の小見出しです。
主な内容が一見してわかるようなタイトルになっています。
5 **解法の鉄則** では，インプットした知識を使い，解答にたどり着くための思考の順序を記載しています。素早く問題を解くためには，問題文のどこに着眼点を置いて，何を考えていけばよいのかを確認していきましょう。

３．「一問一答」の順序を意識しよう

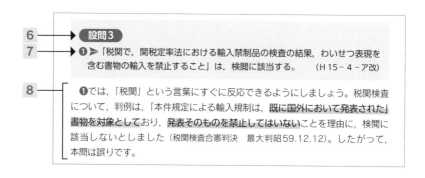

6 **設問** は，行政書士試験の過去問題を中心に問題を掲載しています。
当該テーマに沿った問題で，より確実な力をつけるために，行政書士試験の過去問題以外に，司法試験（「司法」と表示），旧司法試験（「旧司法」と表示），

司法書士試験（「司書」と表示），オリジナル問題を加えています。

7 解法の鉄則 に沿って，続けて学習したほうが解法スキルをマスターしやすい問題を❶，❷……と細分化しています。

8 問題の解説では，解法の鉄則 を実際にあてはめて，解答を導き出すまでの思考過程を丁寧に記載しました。この部分を熟読し，問題の正解にたどり着ける人の頭の中を追体験してください。

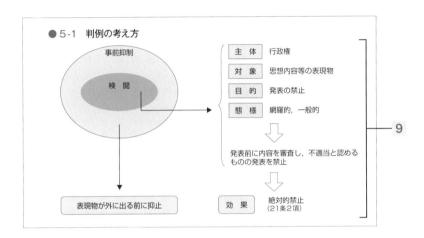

9 図表は，各項目に沿った知識を整理したものです。
試験前の知識の確認にも役立ちます。

10 「到達度チェック」のリンク先には，伊藤塾のWeb上で一問一答形式の問題を掲載しています。要所要所で復習用ドリルとして利用し，力を試してください。

4．総合問題に挑戦しよう

　各テーマの末尾には，当該テーマに関する5肢択一式問題があります。実際に問いてみて，解答に至るまでの考え方が習得できているかを確認する素材として

使ってください。

おわりに

　本書は，インプットとアウトプットの橋渡し教材です。もっとも，単なる橋渡
し教材ではないことは，本書で学習をし終えたときにわかると思います。ただ持
っているだけで解法スキルは身につきません。学習し，実践し，復習して，一
日も早くマスターしてください。そうすれば，合格者に名前を連ねる日も遠くな
いはずです。

もっと**合格力**をつけたい人の
学習ガイド

1 合格に役立つ講義を聴いてみよう！

▶YouTube 伊藤塾チャンネル

　科目別の学習テクニックや重要な論点の解説，本試験の出題ポイントなど，定期的に伊藤塾講師陣が合格に役立つ講義を配信しています。また，伊藤塾出身の合格者や行政書士実務家のインタビューを多数掲載し，受験期間中のモチベーションアップやその維持にもお役立ていただけます。知識補充，理解力の向上，モチベーションコントロールのために，どうぞ有効活用してください。

会社法の考え方〜全体構造編〜（平林勉講師）[行政書士]

【行政書士】「基礎力完成マスター民法」〜債権法改正，相続法改正のテーマチェック〜

行政書士試験　改正民法ポイント講義　第1回　錯誤

行政書士実務の魅力にクローズアップ 第22回 コロナ禍でも活躍する行政書士になる3つのお話

配信コンテンツの例

● 会社法の考え方〜全体構造編〜（平林勉講師）[行政書士]
● 【行政書士】「基礎力完成マスター民法」〜債権法改正，相続法改正のテーマチェック〜
● 行政書士試験　改正民法ポイント講義　第1回　錯誤
● 行政書士実務の魅力にクローズアップ 第22回　コロナ禍でも活躍する行政書士になる3つのお話　etc.

今すぐチェック ▶▶▶

2 合格に役立つテクニックを手に入れよう！

➤ 伊藤塾 行政書士試験科公式メールマガジン「かなえ〜る」

全国の行政書士試験受験生の夢を"かなえる"ために"エール"を贈る。それが，メールマガジン「かなえ〜る」です。

毎回，伊藤塾講師陣が，合格に役立つ学習テクニックや弱点克服法，問題の解き方から科目別対策，勉強のやり方まで持てるノウハウを出し惜しみなくお届けしています。

合格者や受験生から大変好評をいただいているメールマガジンです。登録は無料です。どうぞ，この機会にご登録ください。

日々配信

内容の一例

● 平林講師の「思考と体系の館」セレクト ver
● 藤田講師の苦手克服研究所 NIGALABO
● 行政書士 石原正大の「行政書士実務と行政書士試験の架け橋」
● パーソナルトレーナー講師遠山利行の「合格者の習慣」etc.

今すぐチェック ▶▶▶

➤ 伊藤塾 行政書士試験科 Twitter

Twitterでも学習に役立つ内容から，試験情報，イベント情報など，役立つ情報を随時発信していますので，本書で学習を開始したら，ぜひフォローしてください！

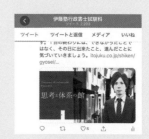

➤ 伊藤塾 行政書士試験科 Facebook

今すぐチェック ▶▶▶

Facebookにも行政書士試験の有益な情報をアップしています。随時新しい情報を更新しているので，活用しよう！

3 ▶ 伊藤塾講師陣の講義を体験してみよう!

➤ 無料公開講座等

　その時期に応じたガイダンスや公開講座を，YouTube Live等を活用して随時開催し，行政書士受験生の学習をサポートしています。最新情報を手に入れて，学習に弾みをつけましょう!

2021 年実施の無料公開イベントの一例	
2 月	伊藤塾長特別講義
5 月	プレ模試
10 月	秋桜会・受験生応援イベント
11 月	行政書士本試験分析会

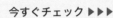 今すぐチェック ▶▶▶

4 ▶ あなたに合った合格プランを相談しよう!

➤ 講師カウンセリング制度

　伊藤塾は，良質な講義に加えて，一人ひとりの学習進度に合わせて行う個別指導を大切にしています。

　その 1 つとして，講師によるカウンセリング制度があります。あなたの学習環境や可処分時間に合わせて具体的で明確な解決方法を提案しています。

　受講生以外でもご利用いただけますので，勉強方法などお悩みのときはお気軽にご活用ください。

今すぐチェック ▶▶▶

伊藤塾 Web サイトをチェック
https://www.itojuku.co.jp/

伊藤塾 行政書士　🔍 検索

憲法

1. 人権享有主体

→ 総合テキスト **Chapter 2 ③**，総合問題集 **Chapter 2** 問題 **③ ④**

> ・・・・・・・・・・・ **イントロダクション** ・・・・・・・・・・・
>
> 　人権は，人間が人間である以上当然に享有できる普遍的な原理です。と
> すれば，どんな人でも人権が保障されるとも思えますが，日本国憲法は第3
> 章に「国民の権利及び義務」と題して，文言上，権利の主体を国民に限定
> するという外観をとっています。とすると，「国民」以外の人たちには人権が
> 保障されないのではないか，という疑問が湧いてきます。そこで，人権の享
> 有主体性が問題となります。本章では，特に問題となる法人と外国人につい
> て，本試験問題をとおして解法という視点から考えていきます。

1 法 人

> **解法の鉄則その1**　① 法人の人権の原理原則を押さえる
> 　　　　　　　　　② 法人の性質と目的の2点をチェックする
>

　法人は，会社や学校法人，宗教法人等，社会にとって欠くことのできない重要
な存在となっています。これに鑑みれば，その人権享有主体性が認められるべき
です。そこで，判例は，権利の性質上可能な限り法人にも人権が保障されるとし
ています（最大判昭45.6.24）。

> **設問1**
> 　会社は，自然人と同様，国や政党の特定の政策を支持，推進し，または反対
> するなどの政治的行為をなす自由を有する。　　　　　　　　（H29-3-2）

　会社は法人です。法人には，権利の性質上，可能な限り自然人と同様に人権が
保障されるところ，政治活動を法人が行うことも十分に可能です。したがって，
本問は正しいです。
　次に，表1-1を見てください。有名な3つの判例を，①法人の性質，②法人
の目的という観点から比較しておきましょう。この2点を比較しておくことで，
何がどのように結論に影響するのかがわかるようになります。ここが解法のポイ

ントです。

● 1-1　法人の人権享有主体性

	八幡製鉄事件	南九州税理士会事件	群馬司法書士会事件
団体の性質	任　意	強　制	強　制
目　的	政治資金	政治資金	復興支援

　まず，八幡製鉄事件と南九州税理士会事件の結論の違いの大きなポイントは，強制加入団体であるかどうかという点です。

　八幡製鉄事件は，株主が会社に対して献金の無効を主張したという事案です。

　株主は，会社の運営方針に疑義があれば，誰かに株式を譲ることが可能であり，株主であり続けることが強制されるわけではありません。

　しかし，税理士は，税理士会に所属しなければその業務を行うことができないので，税理士として仕事をするのであれば，税理士会を脱退することができません。

　税理士会が政治団体に資金を寄附するということになれば，自身が支持していない政治団体への献金を強制されることになりかねないため，税理士会の構成員の権利を侵害する可能性が高いといえます。

　これを前提に， 設問2 を読んでみましょう。

設問2
　税理士会は，税理士の使命及び職責に鑑み，税理士法に基づき設立された強制加入団体であり，その会員には，実質的には脱退の自由が保障されていないが，税理士に係る法令の制定改廃に関する要求を実現するために税理士会として政党に金員を寄付することは，税理士会の目的の範囲内の行為であり，そのために会員から特別会費を徴収する決議も有効である。　　　　（予備H30 - 9 - ウ）

　南九州税理士会事件では，税理士会が会社と異なり，強制加入団体であることを考慮して，「税理士会が政治資金規正法上の政治団体に対して金員を寄附することは，たとい税理士にかかる法令の制定改廃に関する要求を実現するためであっても，法の定める税理士会の目的の範囲外の行為と言わざるを得ない」としました（最判平8.3.19）。したがって，本問は誤りです。

　本問は，自分たちの利益のためならやってもよいのではないか？　という方向で考えてしまいそうですが，法人の人権は，強制加入団体か否かという観点から

考えるようにしておくのがコツです。

次に、法人の目的という視点から考えてみましょう。ここは、南九州税理士会事件と群馬司法書士会事件の比較をしておくとよいでしょう。早速、次の **設問3** を読んでみてください。

設問3

大震災で被災した他県の司法書士会へ復興支援拠出金寄附のための負担金の徴収は、司法書士会の目的の範囲を逸脱するものではない。司法書士会が強制加入団体であることを考慮しても、本件会員の政治的又は宗教的立場や思想信条の自由を害するものではなく、会員の協力義務を否定すべき特段の事情があるとは認められない。

(司法H20-4-ウ)

群馬司法書士会の寄附の目的は、大震災で被災した他県の司法書士会への復興支援です。判例は、「司法書士会は、司法書士の品位を保持し、その業務の改善進歩を図るため、会員の指導及び連絡に関する事務を行うことを目的とするものであるが、その目的を遂行する上で直接又は間接に必要な範囲で、他の司法書士会との間で業務その他について提携、協力、援助等をすることもその活動範囲に含まれるというべきである」としたうえで、「被上告人がいわゆる強制加入団体であることを考慮しても……会員に社会通念上過大な負担を課するものではないのであるから、本件負担金の徴収について、公序良俗に反するなど会員の協力義務を否定すべき特段の事情があるとは認められない」としました（最判平14.4.25）。したがって、本問は正しいです。

要するに、同業団体への寄附のような互助的援助については、強制加入団体であることを考慮したとしても、協力すべき義務を負う場合があるということです。この点を、南九州税理士会の判例と比較しておくとよいでしょう。

以上のように、法人に関する問題は、 **解法の鉄則その1** に示した2点から考えると正解にたどり着きやすくなります。

続いて、外国人に関する問題を考えていきます。

❷ 外国人

解法の
鉄則
その2

① 外国人の人権の原理原則を押さえる
② 国民主権の原理，出入国管理の観点から
判例を整理する

　外国人とは，日本に在住する日本国籍を有しない者をいいます。これらの人たちは「国民」にあたるのかというと，そうとはいえませんよね。そこで外国人の人権享有主体性が問題となります。

　判例は，人権は，人であるというだけで認められるべきであるという考え方に至った**憲法制定の歴史的背景を重視し，外国人にもその人権享有主体性を認めました**（マクリーン事件　最大判昭53.10.4）。ただし，やはり日本国民と同程度の保障までは認められません。これは，**権利の性質上日本国民にしか認めるべきでない人権がある**からです。

　それでは，権利の性質上，日本国民のみに保障すべきであり，外国人に保障するわけにはいかない人権にはどのようなものがあるのでしょうか。外国人の人権に関する問題の解法のポイントはここです。ここは，1-2のような2つの視点を持って整理しておくと，問題が解きやすくなります。

● 1-2　外国人の人権享有主体性

人権は，前国家的性質を有するもの

　↓　　したがって

権利の性質上日本国民のみを対象としているものを除き，保障

【権利の性質を捉える視点】

① 国民主権の原理

　→　政治的な意思決定等は，日本国民がすべき

② 出入国管理

　→　国の裁量に委ねられる側面が強い

　国民主権の原理から考えると，政治的な意思決定に参加することも，一般的に保障されないと考えておくとよいでしょう。また，**外国人の出入国関連**については，その管理に関して国の裁量を重視すべきですから，保障されない権利が出てくるわけです。

　逆にいえば，この2つの視点とはあまり関係のないようなもの（例えば，プラ

イバシー権等）は，日本人と同様に保障してよいと考えておいてください。このような視点を持ったうえで問題を読んでいくと，すっきりと理解できるのではないかと思います。それでは，早速 **解法の鉄則その2** に示したことを問題をとおして実感してください。

設問4

国家機関が国民に対して正当な理由なく指紋の押捺を強制することは，憲法13条の趣旨に反するが，この自由の保障はわが国に在留する外国人にまで及ぶものではない。 （H27-3-1）

指紋は，性質上万人不同性，終生普遍性を持つため，その利用方法次第では個人のプライバシーが侵害される危険性があります。指紋は，個人のプライバシーに関わるものだということですね。とすれば，これは1-2にある2つの視点からは外れるものですから，外国人にも等しく保障してよいのではないかというように考えることができます。

判例も，「個人の私生活上の自由の1つとして，何人もみだりに指紋の押なつを強制されない自由を有するものというべきであり，国家機関が正当な理由もなく指紋の押なつを強制することは，憲法13条の趣旨に反して許されず，また，この自由の保障は我が国に在留する外国人にも等しく及ぶ」としています（指紋押捺拒否事件　最判平7.12.15）。したがって，本問は誤りです。

設問5

外国人は，憲法上日本に入国する自由を保障されてはいないが，憲法22条1項は，居住・移転の自由の一部として海外渡航の自由も保障していると解されるため，日本に在留する外国人が一時的に海外旅行のため出国し再入国する自由も認められる。 （H19-6-5）

本問は，まさに出入国に関するものです。外国人は，出国の自由については判例上認められています。そして，通常であれば，出国の自由を認める以上，再入国の自由とセットで認めなければ意味がないと考えられるはずです。

しかし，判例は，外国人には再入国の自由は認められないとしています（森川キャサリーン事件　最判平4.11.16）。これは，再入国の自由については国の裁量の問題を重視し，権利の性質上，日本国民のみをその対象としている権利であると判例が解しているからです。したがって， **設問5** は誤りです。

入国の自由	保障されない
再入国の自由（一時旅行の自由）	保障されない
出国の自由	保障される

設問6

　国の統治のあり方については国民が最終的な責任を負うべきものである以上，外国人が公権力の行使等を行う地方公務員に就任することはわが国の法体系の想定するところではない。　　　　　　　　　　　　　　　　（H 27 - 3 - 4）

　「法体系の想定するところではない」というのがかなり語調の強い表現であるため，本問は誤りなのではないか，と惑わされてしまいそうです。しかし，「公権力の行使等を行う地方公務員」ということは，少なからず政治的な意思に参画する場合がありますよね。とすれば，外国人に当該公務員に就任することは保障されていないように思えます。判例も，外国人が公権力の行使等を行う公務員に就任することは，わが国の法体系の想定するところではないとしています（東京都管理職選考受験訴訟　最大判平17．1．26）。したがって，本問は正しいです。

　憲法の問題は，語調に惑わされずに，広い視野で考えていくことで正解を導きやすくなります。

設問7

　政治活動の自由は，わが国の政治的意思決定またはその実施に影響を及ぼす活動等，外国人の地位にかんがみこれを認めることが相当でないと解されるものを除き，その保障が及ぶ。　　　　　　　　　　　　　　　　（H 27 - 3 - 3）

　本問は，なかなか悩ましい問題ですが，先ほどの視点からきちんと考えてみてください。

　まず，「政治活動の自由」とされていることから，政治的な意思決定に参画するものであることがわかります。このような意思決定は，国民主権の原理からすれば，その性質上，日本国民のみに保障されるべきものであり，外国人に保障されるものではありませんでした。このように考えると，本問は誤りとなりそうです。しかし，「わが国の政治的意思決定またはその実施に影響を及ぼす活動等，外国人の地位にかんがみこれを認めることが相当でないと解されるものを除き」

と問題文が続いています。**政治に影響を及ぼすようなものを除くのであれば，国民主権の原理にも反しなさそう**ですよね。したがって，本問は正しいと判断することができます。

判例でも，「政治活動の自由についても，我が国の政治的意思決定又はその実施に影響を及ぼす活動等外国人の地位に鑑みこれを認めることが相当でないと解されるものを除き，その保障が及ぶ」とされています（前掲マクリーン事件　最大判昭53.10.4）。

設問8

❶▶ 日本に在留する外国人のうちでも，永住者等であってその居住する区域の地方公共団体と特に緊密な関係を持っている者に，法律によって地方公共団体の長，その議会の議員等に対する選挙権を付与することは，憲法上禁止されない。

(H19-6-2)

外国人の選挙権は，判例の理論が複雑ですから，注意深く学習しましょう。

まずは，国政レベルと地方レベルの選挙で分けるのがポイントです。

国政レベルの選挙に関して，判例は「公務員を選定罷免する権利を保障した憲法15条1項の規定は，権利の性質上日本国民のみをその対象とし，右規定による権利の保障は，我が国に在留する外国人には及ばない」としており，外国人に選挙権を保障しないとしています（定住外国人地方参政権事件　最判平7.2.28）。これは，今まで学習してきたとおり，国民主権の原理の考えからすれば当然の帰結になるかと思います。

そして，**地方レベルの選挙**についても，「我が国に在留する外国人に対して，地方公共団体の長，その議会の議員等の選挙の権利を保障したものということはできない」としており，これも外国人に保障していません（同判例）。もっとも，地方レベルについては，「我が国に在留する外国人のうちでも永住者等であってその居住する区域の地方公共団体と特段に緊密な関係を持つに至ったと認められるものについて，……法律をもって，地方公共団体の長，その議会の議員等に対する選挙権を付与する措置を講ずることは，憲法上禁止されているものではない」としており，外国人に選挙権を付与すること自体は，憲法上許容されていると考えられています（同判例）。

したがって，❶は正しいです。

● 1-4　外国人の選挙権・被選挙権

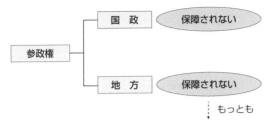

法律をもって，参政権を付与することは許容

❷▶ 日本に在留する外国人のうちでも，永住者等であってその居住する区域
の地方公共団体と特に緊密な関係を持っている者に，法律によって地方公共
団体の長，その議会の議員等に対する選挙権を付与することは，憲法上の要
請である。　　　　　　　　　　　　　　　　　　　　　　（H19-6-2改）

　❶を改題しました。地方レベルの外国人の選挙権は，あくまでも付与すること
が憲法上**許容される**だけであり，憲法上**与えなければならない**ものではありませ
ん。つまり，憲法上の**要請**とまではいかないわけです。したがって，❷は誤りで
す。
　外国人に関する問題の最後として，基本的人権の性質から考えるべき問題を紹
介しておきます。

設問9

　社会保障上の施策において在留外国人をどのように処遇するかについては，
国はその政治的判断によって決定することができ，限られた財源の下で福祉的
給付を行うに当たって，自国民を在留外国人より優先的に扱うことも許される。
　　　　　　　　　　　　　　　　　　　　　　　　　　　　（H19-6-4）

　「社会保障上の施策」という部分から，社会権，特に生存権が問題となってい
ることを見抜いてください。**社会権は，一般的に後国家的権利である**と考えられ
ています。つまり，社会権は，**国家に対してあることをしてくれと要求する権利**
ですから，国家があることが前提であるというわけです。ここまで説明すると，
外国人に社会権が保障されるかどうかはなんとなくわかるのではないかと思いま
す。**国家ありきの権利である**ということは，これは**自己の属する国に対して請求
するべきであり，他国において請求するようなものではない**のです（塩見訴訟

最判平元.3.2参照)。

　とすれば，外国人に社会権の保障は及ばないだろうと考えることになります。したがって，本問は正しいです。

　社会権は，後国家的な権利であるということを念頭に考えるように心掛けておくと，応用的な問題にも対処できるようになりますので，この考え方はしっかりとマスターしておくようにしてください。

問題 外国人の人権に関する次のア〜オの記述のうち，最高裁判所の判例の趣旨に照らし，正しいものはいくつあるか。

ア　普通地方公共団体の公務員制度において，日本国民である職員に限って管理職に昇任することができることとする措置を執ることは，合理的な理由に基づいて日本国民である職員と在留外国人である職員とを区別するものであり，憲法上許容される。

イ　社会保障上の施策における在留外国人の処遇について，国は，諸々の事情に照らした政治的判断により決定することができ，限られた財源下での福祉的給付にあたり自国民を在留外国人よりも優先的に扱うことも許されるから，障害福祉年金の支給対象者から在留外国人を除外することは，立法府の裁量の範囲に属する。

ウ　外国人の日本国への再入国は，新規の入国の場合とは異なり，当該外国人にとっては生活の本拠地への帰国という性質を有する場合があるため，再入国の自由は，原則として我が国に在留する外国人にも保障される。

エ　政治活動は，必然的に我が国の政治的意思決定又はその実施に影響を及ぼすことになるため，国民主権の観点から，政治活動の自由は，我が国に在留する外国人には保障されない。

オ　我が国に在留する外国人のうちでも，永住者等であって，その居住する区域の地方公共団体と特段に緊密な関係を持つに至ったと認められる者について，その意思を地方公共団体の公共的事務の処理に反映させるべく，法律をもって地方公共団体における選挙権を付与することは，憲法上禁止されるものではない。

1 一つ　　**2** 二つ　　**3** 三つ　　**4** 四つ　　**5** 五つ

（オリジナル）

ア ⭕ 最高裁判所は，普通地方公共団体が，公務員制度を構築するにあたり，公権力行使等地方公務員の職とこれに昇任するのに必要な職務経験を積むために経るべき職とを包含する一体的な管理職の任用制度を構築して人事の適正な運用を図ることも，その判断により行うことができるとした。そして，日本国民である職員に限って管理職に昇任することができることとする措置を執ることは，合理的な理由に基づいて日本国民である職員と在留外国人である職員とを区別するものであり，許されるとした（最大判平17.1.26）。

イ ⭕ 最高裁判所は，塩見訴訟判決において，本記述のように判示し，立法府に広範な裁量を認めた（最判平元.3.2）。

ウ ❌ 最高裁判所は，「我が国に在留する外国人は，憲法上，外国へ一時旅行する自由を保障されているものでない」とし，再入国の自由は外国人には保障されないとした（森川キャサリーン事件　最判平4.11.16）。

エ ❌ 最高裁判所は，外国人の政治活動の自由について，「わが国の政治的意思決定又はその実施に影響を及ぼす活動等外国人の地位にかんがみこれを認めることが相当でないと解されるものを除き，その保障が及ぶ」とした（マクリーン事件　最大判昭53.10.4）。

オ ⭕ 最高裁判所は，憲法93条2項は外国人の地方公共団体における選挙権を保障したものとはいえないとする一方で，本記述のように判示した（最判平7.2.28）。

　　以上により，正しいものはア，イ，オの3つであり，正解は **3** となる。

到達度チェック ▶▶▶

2. 私人間効力

→ 総合テキスト **Chapter 2** **4**, 総合問題集 **Chapter 2**

イントロダクション
・・・・・・・・・・・・・・・・・・・・・・・・・・・・・・・・・・

　私人間効力は，憲法の概念と関連づけて理解しておくとよいでしょう。憲法は，国家権力を制限して国民の権利や自由を保障する法です。換言すれば，憲法は，対国家の規範であり，私人の間の関係を規律するものではないのです。もっとも，私人と私人の間にも，国家に匹敵する強大な力を有している大企業のようなものと国民という場合もあります。この場合には，憲法の適用をすべきではないのかという議論があります。これが私人間効力というテーマです。本章では，このテーマに関する基本的な判例の理論を学習したうえで，それを解法として身につけていきます。

**解法の
鉄則**
　① 憲法を直接適用する旨の記述を探す
　② 直接適用が前提とされている権利を思い出す

　私人間効力は，その理論をまずは把握しておくことが重要です。そのうえで，解法手順を身につけてしまえば，どのような問題でも基本的には対応できるようになります。

① 私人間効力の理論

　人権は，国家（公権力）との関係で保障される国民の権利や自由であると考えられてきました。

　しかし，20世紀に入ってから，人権は国家だけでなく，私人，特に私的団体によってより多く，より広範に脅かされるという事態が生じ，それに対応して人権規定を私人間にも及ぼす必要性が出てきたのです。

　例えば，ある学生が企業に就職しようとしたときのことです。試用期間（いわば仮採用）中に，大学在学中に学生運動を起こした経験を隠して入社したということがばれてしまいました。そこで，企業側が，入社試験の際に虚偽の申告をしたという理由で本採用を拒否したのです。これは一種の解雇になります。

これに対し学生の側は，学生運動をしたからといって解雇するというのは，思想・良心の自由を侵害するものであるとして，その解雇の無効を主張して争いました。このときには，学生と企業という私人間で，憲法19条が規定している思想・良心の自由が争われたわけですから，まさに私人間効力の問題となります。この点に関し，判例は，次のような判断をしました。

三菱樹脂事件（最大判昭48.12.12）

　憲法19条，14条の規定は，……国または公共団体の統治行動に対して個人の基本的な自由と平等を保障する目的に出たもので，専ら国または公共団体と個人との関係を規律するものであり，私人相互の関係を直接規律することを予定するものではない。……私的支配関係においては，個人の基本的な自由や平等に対する具体的な侵害またはそのおそれがあり，その態様，程度が社会的に許容しうる限度を超えるときは，これに対する立法措置によってその是正を図ることが可能であるし，また，場合によっては，私的自治に対する一般的制限規定である民法1条，90条や不法行為に関する諸規定等の適切な運用によって，一面で私的自治の原則を尊重しながら，他面で社会的許容性の限度を超える侵害に対し基本的な自由や平等の利益を保護し，その間の適切な調整を図る方途も存するのである。

　この判例は，私人間効力の問題に対して，間接適用説を採用したといわれています。そもそも，私人間効力の問題については，3つの考え方があります。間接適用説・直接適用説・無効力説です。判例の理解を前提に，この3つの考え方をまとめたのが2-1の表です。

● 2-1　私人間効力の学説の整理

	間接適用説	直接適用説	無効力説
帰　結	私法の一般条項を介して間接的に適用する	直接適用する	適用しない
理　由	人権保障と私的自治の調和を図るべきである	私人間にも，強大な権力を有する者からの人権侵害が考えられる	憲法は，対国家規範であり，私人間に適用することは予定されていない
問題点	純然たる事実行為による人権侵害に対しては，私法の条項を介して憲法を適用することができない	憲法が対国家規範であることからすると，説明が難しい	私人間の人権侵害に対して，適切に対処できない

② 設問の検討

さて，以上の私人間効力の理論を前提に，設問を検討していきます。ここまでの基本的な考え方がわかっていれば，憲法を直接適用するような問題文は，例外的な場合を除いて，基本的に誤りであると判断することができます。

設問1

　私人による差別的行為であっても，それが公権力との重要な関わり合いの下で生じた場合や，その私人が国の行為に準じるような高度に公的な機能を行使している場合には，法の下の平等を定める憲法14条が直接に適用される。

（H18-3-4）

　かなりミスリードを誘う問題文になっています。「国の行為に準じるような高度に公的な機能を行使している場合」とされてしまうと，なんとなく憲法を直接適用しても良さそうだと考えてしまいますよね。しかし，ここは，いやいや，私人間効力の理論によれば，憲法の直接適用という話は出てこないはずだ，と考えるべきです。こういう考え方を解法として持っておけば，本問は「憲法14条が直接に適用される」という点が誤りであると判断できるはずです。

設問2

　憲法の定める基本的人権のうち重要なものは，単に国家権力に対する自由権を保障するのみではなく，社会生活の秩序原理でもある。これは，一定の範囲において，国民相互の法律関係に対して直接の意味を有する。　（H18-3-1）

　問題文の前段は，なんとなく正しいことを言っているような気もします。しかし，本問も，後段で国民相互の法律関係に対して「直接の意味を有する」としてしまっています。したがって，これも誤りであると判断することができます。

設問3

　人の思想，信条は身体と同様本来自由であるべきものであり，その自由は憲法19条の保障するところでもあるから，企業が労働者を雇傭する場合等，一方が他方より優越した地位にある場合に，その意に反してみだりにこれを侵してはならないことは明白である。

（H18-3-2）

少し変わった角度から出題されていますが，基本的な解法手順は変わりません。本問も，「その自由は憲法19条の保障するところでもあるから」としており，企業・労働者という私人間に対して，憲法の規定を持ち込んでいます。したがって，本問は誤りです。

設問4

　憲法19条，21条，23条等のいわゆる自由権的基本権の保障規定は，国又は公共団体の統治行動に対して個人の基本的な自由と平等を保障することを目的とした規定であって，専ら国又は公共団体と個人との関係を規律するものであり，私人相互間の関係について当然に適用ないし類推適用されるものでない。

(H 18 - 3 - 5)

　本問は，私人相互間の関係について，憲法の規定が「当然に適用ないし類推適用されるものでない」としており，直接適用をしない趣旨を述べています。したがって，本問は正しいと判断することができます。

設問5

　私人間効力について間接適用説に立った場合，憲法の規定は，すべて，私人間には直接適用されない。
(オリジナル)

　憲法には，例外的に私人間に直接適用することがそもそも予定されている規定がありますので，本問は誤りです。
　このように，私人間効力の問題において，間接適用説を前提としても，憲法がそもそも私人間に直接適用することを予定している規定もあります（2-2）。争いがあるものもあるため，本試験では出題されにくいと思いますが，簡単に把握しておくとよいでしょう。

● 2-2　憲法の規定が私人間にも直接適用される例

①　投票の秘密（15条4項）
②　奴隷的拘束の禁止（18条）
③　児童酷使の禁止（27条3項）
④　労働基本権（28条）

総合問題に 挑戦

問題 私法上の法律関係における憲法の効力に関する次の記述のうち，最高裁判所の判例に照らし，正しいものはどれか。

1 私人間においては，一方が他方より優越的地位にある場合には私法の一般規定を通じ憲法の効力を直接及ぼすことができるが，それ以外の場合は，私的自治の原則によって問題の解決が図られるべきである。

2 私立学校は，建学の精神に基づく独自の教育方針を立て，学則を制定することができるが，学生の政治活動を理由に退学処分を行うことは憲法19条に反し許されない。

3 性別による差別を禁止する憲法14条1項の効力は労働関係に直接及ぶことになるので，男女間で定年に差異を設けることについて経営上の合理性が認められるとしても，女性を不利益に扱うことは許されない。

4 自衛隊基地建設に関連して，国が私人と対等な立場で締結する私法上の契約は，実質的に公権力の発動と同視できるような特段の事情がない限り，憲法9条の直接適用を受けない。

5 企業者が，労働者の思想信条を理由に雇い入れを拒むことは，思想信条の自由の重要性に鑑み許されないが，いったん雇い入れた後は，思想信条を理由に不利益な取り扱いがなされてもこれを当然に違法とすることはできない。

(H 25-4)

1 最高裁判所は，私法上の法律関係における憲法の効力について，本肢のような判断を示していない。なお，憲法の人権規定が私人間においても直接に適用されるとした場合，私的自治の原則及び契約自由の原則の否定になりかねないなどの問題があることから，通説的見解は間接適用説をとっている。この間接適用説は，人権の対国家権力性という伝統的な観念を維持し，私的自治の原則を尊重しながら，人権規定の効力の拡張を図るという観点から，民

法90条等の私法の一般条項を，憲法の趣旨を取り込んで解釈，適用することによって，間接的に私人間の行為を規律しようとする見解である。そして，最高裁判所の判例も，この間接適用説の立場に立っていると解されている（三菱樹脂事件　最大判昭48.12.12）。

2　最高裁判所の判例によれば，私立学校が伝統ないし校風と教育方針を学則等
✗　において具体化し，これを実践することは当然に認められる。そして，実社会の政治的社会的活動にあたる行為を理由として私立学校が退学処分を行うことは，直ちに学生の学問の自由及び教育を受ける権利を侵害し公序良俗に違反するものでなく，また，当該退学処分は学生らの思想，信条を理由とする差別的取扱いではない（昭和女子大事件　最判昭49.7.19）。

3　性別による差別を禁止する憲法14条１項の効力は労働関係に直接及ぶこと
✗　になるとした最高裁判所の判例はない。なお，最高裁判所の判例によれば，株式会社の就業規則中，女子の定年年齢を男子より低く定めた部分は，もっぱら女子であることのみを理由として差別したことに帰着するものであり，性別のみによる不合理な差別を定めたものとして民法90条の規定により無効であるとされる（日産自動車事件　最判昭56.3.24）。

4　最高裁判所の判例によれば，国が行政の主体としてではなく私人と対等の立
○　場に立って，私人との間で個々的に締結する私法上の契約は，当該契約がその成立の経緯及び内容において実質的にみて公権力の発動たる行為と何ら変わりがないといえるような特段の事情のない限り，憲法９条の直接適用を受けない（百里基地訴訟　最判平元.6.20）。

5　最高裁判所の判例によれば，企業者は契約締結の自由を有し，自己の営業の
✗　ために労働者を雇傭するにあたり，いかなる者を雇い入れるか，いかなる条件でこれを雇うかについて，法律その他による特別の制限がない限り，原則として自由にこれを決定することができるのであって，企業者が特定の思想，信条を有する者をその故をもって雇い入れることを拒んでも，それを当然に違法とすることはできない（三菱樹脂事件　最大判昭48.12.12）。

以上により，正しいものは４であり，正解は４となる。

3. 幸福追求権

➡ 総合テキスト **Chapter 3** **1**，総合問題集 **Chapter 3**

イントロダクション

　憲法13条は，新しい人権の根拠規定とされています。憲法は，歴史的に特に侵害されてきた権利や自由を例示して列挙したにすぎず，これ以外の権利や自由を全く保障しないという趣旨ではありません。時代の変遷とともに，主張される新しい権利も当然に想定しているわけです。

　それでは，新しい人権として，どのようなものを保障していくべきでしょうか。これが幸福追求権の主な議論です。本章では，新しい人権として保障されるか否かに関する一般的な理論を学習したうえで，判例の見解を見ていくことにします。一貫した考え方に基づいて学習することで，幸福追求権に関する問題に対する解法を完成させることを目指しましょう。

1 総 論

解法の鉄則
① 一般的な理論を押さえる
② 「人格的生存に不可欠か否か」という観点から判例知識を押さえる

　幸福追求権は，学説の理論を理解しておくと，判例が理解しやすくなります。学説の理論とは，新しい人権として保障されるのはどのようなものであるかということです。その基準を理解することが解法の基本になりますので，まずは，その点について説明していきます。

　どのような権利が新しい人権として認められるのか，これについては，2つの考え方があります。

　まず，**人格的利益説**という考え方です。この考え方は，"新しい人権"として認められるのは，個人の人格的生存に不可欠である権利に限られるとするものです。「個人の人格的生存に不可欠」とは，その人がその人らしく生きるために必要不可欠ということです。**この考え方によれば，"新しい人権"として保障される範囲はかなり限定される**ことになるでしょう。

これに対して，**一般的行為自由説**という考え方があります。この考え方は，"新しい人権" として認められるのは，あらゆる生活活動領域に関して成立する，一般的行為の自由であるとするものです。この考え方によれば，**"新しい人権" として保障される範囲は，人格的利益説と異なり，広範囲にわたる**ことになるでしょう。

通説は，人権保障の範囲を広げすぎると，逆に人権制約の制約根拠を増やす結果となる点，また，人権保障が希薄化する可能性がある点などを指摘し，人格的利益説が妥当であると考えています。**判例を理解するうえでも，人格的利益説を前提としたほうがわかりやすい**と思いますので，この考え方を前提に，問題を検討してみましょう。

設問1

未決拘禁者の主張する喫煙の自由は，憲法13条の保障する基本的人権の1つに含まれることは明らかであるが，罪証隠滅のおそれや監獄内の秩序維持の観点から，喫煙を禁止することは，やむを得ない措置として許容される。

(オリジナル)

判例は，「喫煙の自由は，憲法13条の保障する基本的人権の一に含まれるとしても，あらゆる時，所において保障されなければならないものではない」としています（最大判昭45.9.16）。**判例は，喫煙の自由については，その保障を仮定的なものにしています。**たばこは，人格的生存に不可欠なものではなく，嗜好品であると考えれば，なんとなく納得のできる話ではないかと思います。このように，問題を解く際には，個人の人格的生存に不可欠なものか否かという視点を常に持つようにしましょう。本問は，喫煙の自由を「憲法13条の保障する基本的人権の1つに含まれることは明らかである」としている点が誤りです。

設問2

幸福追求権について，学説は憲法に列挙されていない新しい人権の根拠となる一般的かつ包括的な権利であると解するが，判例は立法による具体化を必要とするプログラム規定だという立場をとる。 (H26-3-1)

プログラム規定とは，国に対して努力義務を課したにすぎず，そこから具体的な権利を認めないものをいいます。13条は新しい人権を導く根拠規定であるわけですから，プログラム規定という立場をとるというのはあり得ないことになる

でしょう。したがって，設問2 の答えは誤りです。

設問3

　幸福追求権の内容について，個人の人格的生存に必要不可欠な行為を行う自由を一般的に保障するものと解する見解があり，これを「一般的行為自由説」という。
　　　　　　　　　　　　　　　　　　　　　　　　　　　　　　（H 26 - 3 - 2）

　本問の見解は，先ほどから前提としている人格的利益説です。したがって，本問は誤りです。学説の名称を問う珍しいタイプの問題ですが，学説の考え方とともに，念のため押さえておきましょう。

❷ プライバシー権

　それでは，新しい人権として判例が認めている権利を具体的にチェックしていきましょう。
　まずは，プライバシー権です。この権利に関する問題の**解法のポイントは，問題となっている個人情報に着眼点を置くこと**です。
　例えば，次の 設問4 を読んでみてください。

設問4

　市区町村長が漫然と弁護士会の照会に応じて，前科等を報告することは，それが重罪でない場合には，憲法13条に違反し，違法な公権力の行使にあたる。
　　　　　　　　　　　　　　　　　　　　　　　　　　　　　　（H 13 - 5 - 1）

　ここで問題となっている個人情報は，「前科等」です。判例は，**前科等の情報は，「人の名誉，信用に直接にかかわる事項**であり，前科等のある者もこれをみだりに公開されないという法律上の保護に値する利益を有する」としています（前科照会事件　最判昭56．4．14）。そのうえで，「市区町村長が漫然と弁護士会の照会に応じ，**犯罪の種類，軽重を問わず，前科等のすべてを報告することは，公権力の違法な行使にあたる**」としています（同判例）。したがって，「重罪でない場合」と限定している点で，設問4 は誤りです。このように判例は，前科等は個人情報の中でもかなり重要度が高いものと考えていることをふまえ，結論を導くようにしてください。

❶ ▶ いわゆる住基ネットによって管理，利用等される氏名・生年月日・性別・住所からなる本人確認情報は，社会生活上は一定の範囲の他者には当然開示されることが想定され，個人の内面に関わるような秘匿性の高い情報とはいえない。
(H23-3-5)

判例は，住基ネットによって管理，利用等される氏名，生年月日，性別及び住所からなる本人確認情報は，人が社会生活を営むうえで一定の範囲の他者には当然開示されることが予定されている個人識別情報であり，個人の内面にかかわるような秘匿性の高い情報とはいえないとしています（住基ネット訴訟　最判平20.3.6）。 設問4 と異なり，重要性が低い情報というわけです。したがって，本問は正しいです。

それでは，秘匿性の高い個人情報でなければ，絶対に法的保護の対象にならないのでしょうか。この点に関して，❷の問題としっかり比較をしておくとよいでしょう。

❷ ▶ 大学が講演会を主催する際に集めた参加学生の学籍番号，氏名，住所及び電話番号は，個人の内心に関する情報ではなく，大学が個人識別を行うための単純な情報であって，秘匿の必要性が高くはないから，プライバシーに係る情報として法的保護の対象にならない。
(司法H28-2-イ)

❶からすれば，この問題文の個人情報も「秘匿性が高くはない」とあるため，正しいようにも思えます。しかし，判例は，「学籍番号，氏名，住所及び電話番号は，……秘匿されるべき必要性が必ずしも高いものではない」としている一方，「このような個人情報についても，本人が，自己が欲しない他者にはみだりにこれを開示されたくないと考えることは自然なことであり，そのことへの期待は保護されるべきものであるから，……本件個人情報は，上告人らのプライバシーに係る情報として法的保護の対象となるというべきである」としています（早稲田大学講演会名簿提出事件　最判平15.9.12）。したがって，本問は誤りです。

両者はどのような違いがあるのでしょうか。ここが解法のポイントです。❸の問題で検討していきます。

❸▶ 住基ネットにおけるシステム技術上・法制度上の不備のために，本人確認情報が法令等の根拠に基づかずにまたは正当な行政目的の範囲を逸脱して第三者に開示・公表される具体的な危険が生じているということはできない。

(H 28 – 4 – 5)

　本問は，住基ネット訴訟の判例のとおりであり，正しいです。実は，❷の早稲田大学講演会名簿提出事件では，実際に，大学側が警察に個人情報を提供してしまっているのです。一方，住基ネット訴訟では，実際には個人情報の提供や漏えい等はされておらず，そもそもプライバシーの権利侵害を否定している事例です。つまり，個人情報の利用方法が2つの判例の結論を左右したと考えられます。

　設問4 と **設問5** をまとめると，個人情報は，個人の道徳的自律の存在にかかわる情報（プライバシー固有情報）と，個人の道徳的自律の存在に直接かかわらない外的事項に関する情報である「プライバシー外延情報」とに区別され，前者については憲法上保護され，後者については利用方法次第で憲法上保護され得るとして定式化できます（図3-1）。

　実は，この部分はかなり高度な議論なのですが，今後の出題が予想されるため，3-1を利用しながら時間をかけて，しっかりと理解しておきましょう。

● 3-1　個人情報の区別

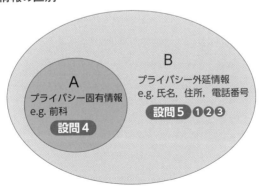

A：情報の重要度が高い。憲法上保護される。
B：情報の重要度がAに及ばない。
　　情報の利用方法によっては，憲法上保護され得る。

③ 肖像権

次に，肖像権です。早速，　設問6　を読んでみてください。

設問6

何人も，その承諾なしにみだりに容貌等を撮影されない自由を有するので，犯罪捜査のための警察官による写真撮影は，犯人以外の第三者の容貌が含まれない限度で許される。

(H 23 - 3 - 1)

判例は，「個人の私生活上の自由の一つとして，**何人も，その承諾なしに，みだりにその容ぼう・姿態を撮影されない自由を有する**」としています（京都府学連事件　最大判昭44.12.24）。したがって，前段は正しいです。背景の理解としては，個人の人格的生存に不可欠なものであるということを忘れないようにしておきましょう。

そのうえで，「警察官が，正当な理由もないのに，個人の容ぼう等を撮影することは，憲法13条の趣旨に反し，許されないものといわなければならない。しかしながら，個人の有する右自由も，国家権力の行使から無制限に保護されるわけでなく，公共の福祉のため必要のある場合には相当の制限を受けることは同条の規定に照らして明らかである。……警察官が犯罪捜査の必要上写真を撮影する際，その対象の中に犯人のみならず**第三者である個人の容ぼう等が含まれても，これが許容される場合がありうる**ものといわなければならない」としました。

具体的には，「**現に犯罪が行なわれもしくは行なわれたのち間がないと認められる場合であつて，しかも証拠保全の必要性および緊急性があり，かつその撮影が一般的に許容される限度をこえない相当な方法をもつて行なわれるとき**」に許容されるとしています。したがって，本問は誤りです。

判決文が長くて非常に大変ですが，判例の流れを丁寧に押さえておく必要があります。再度確認しておきましょう。

以上のように，幸福追求権に関する問題は，　**解法の鉄則**　に示したように，人格的利益説という理論から考えることと，判例を読む視点を押さえておくと正解にたどり着きやすくなります。

総合問題に 挑戦

問題 **憲法13条に関する次の記述のうち，妥当でないものはどれか。**

1 幸福追求権の内容として，他者の利益を害しないあらゆる行為の自由を意味するという学説に対しては，基本的人権のインフレ化を招き，基本的人権の意義を低下させるという批判がある。

2 前科及び犯罪歴は，人の名誉，信用に直接かかわる事項であり，前科及び犯罪歴のある者もこれをみだりに公開されないという法律上の保護に値する利益を有する。

3 個人の私生活上の自由として，何人もみだりに指紋の押捺を強制されない自由を有するものというべきであり，国家機関が正当な理由もなく指紋の押捺を強制することは，憲法13条の趣旨に反して許されない。

4 憲法13条は，個人の私生活上の自由の一つとして，何人も，個人に関する情報をみだりに第三者に開示または公表されない自由を保障しており，住民基本台帳ネットワークシステムにより行政機関が住民の個人情報を管理する行為は当該自由を侵害するものである。

5 忘れられる権利とは，一度インターネットに掲載された個人情報は，無限に転写され拡散される可能性があり，それらは時の経過により消去されることがないことを背景に唱えられるようになったものである。

(オリジナル)

※○：妥当である　　✕：妥当でない

1　本肢のような見解を，一般的行為自由説というが，当該見解は，13条は明
○　文で列挙されていない一切の行動の自由を保障していると解するため，当該
　　見解に対しては，基本的人権のインフレ化を招き，基本的人権の意義を低下
　　させてしまうとの批判がある。

2　判例は，「前科及び犯罪経歴（以下『前科等』という。）は人の名誉，信用に
○　直接にかかわる事項であり，前科等のある者もこれをみだりに公開されない
　　という法律上の保護に値する利益を有するのであつて，市区町村長が，本来
　　選挙資格の調査のために作成保管する犯罪人名簿に記載されている前科等を
　　みだりに漏えいしてはならないことはいうまでもない」としている（前科照
　　会事件　最判昭56.4.14）。

3　判例は，「憲法13条は，国民の私生活上の自由が国家権力の行使に対して保
○　護されるべきことを規定していると解されるので，個人の私生活上の自由の
　　１つとして，何人もみだりに指紋の押なつを強制されない自由を有するもの
　　というべきであり，国家機関が正当な理由なく指紋の押なつを強制するこ
　　とは，同条の趣旨に反して許され」ないとしている（指紋押捺拒否事件　最
　　判平7.12.15）。

4　判例は，「行政機関が住基ネットにより住民……の本人確認情報を管理，利
✕　用等する行為は，個人に関する情報をみだりに第三者に開示又は公表するも
　　のということはできず，当該個人がこれに同意していないとしても，憲法
　　13条により保障された上記の自由〔個人情報をみだりに第三者に開示又は
　　公表されない自由〕を侵害するものではない」としている（住基ネット訴訟
　　最判平20.3.6）。

5　本肢のとおりである。忘れられる権利とは，ＥＵで唱えられてきたものであ
○　り，具体的には，検索エンジン事業者に対して個人情報の削除を求める権利
　　などを指すと考えられる。

　　以上により，妥当でないものは４であり，正解は４となる。

到達度チェック ▶▶▶

4. 法の下の平等

➡ 総合テキスト **Chapter 3** **2**，総合問題集 **Chapter 3** 問題 **10**

イントロダクション

　法の下の平等にかかわる問題は，毎年のように出題されるテーマなので，丁寧に，かつ深く学習すべき頻出事項です。

　学習のポイントは，"平等"の意義です。憲法14条でいう「平等」は，事実上の差異を前提として，合理的な区別を許容する相対的平等を意味します。そのため，学習する際には，①どのような区別がされているのかを確認したうえで，②合理的な区別として許容されるか否かという2点をしっかりと見ていくとよいでしょう。

解法の鉄則

① 「平等」の意味を捉える

② 区別の目的と手段を分けて検討する

③ 法益の重要性や自助努力で脱却できるか否かを視点とする

　人によって異なる法的取扱い（これを「区別」と表現します）がなされている場合に，法の下の平等の問題が生じます。法の下の平等の問題を解くうえで欠かせないのが，「平等」の意義を正確に理解していることです。

　法の下の"平等"とは，各人の差異を無視し，全く同じに扱う（絶対的平等）という意味ではありません。人には様々な事実上の差異がありますから，平等とは，各人の能力・財産などの事実的差異を認めたうえで，同一事情と同一条件のもとでは均等に取り扱うべきこと（相対的平等）を意味すると考えられています。

　したがって，社会通念上合理的と認められる範囲で，各個人の事情に応じた異なった法的取扱い（合理的区別）が認められるわけです。

　この部分は，判例を理解する重要なポイントです。判例では，区別の目的に合理性が認められるか。また，その目的を達成するための手段が合理的なものといえるか。この2つの視点から合憲性を判断しています。この考え方を解法として知っておけば，法の下の平等の問題はかなり解きやすくなります。それでは，問

題を検討しながら，具体的に解法のポイントをつかんでいきましょう。

設問1

❶▶ 尊属に対する殺人を，高度の社会的非難に当たるものとして一般殺人と
は区別して類型化し，法律上刑の加重要件とする規定を設けることは，それ
自体が不合理な差別として憲法に違反する。　　　　　　　　（H28-7-4）

　判例は，「尊属の殺害は通常の殺人に比して一般に高度の社会的道義的非難を
受けて然るべきであるとして，このことをその処罰に反映させても，あながち不
合理であるとはいえない」としたうえで，「このことを類型化し，法律上，刑の
加重要件とする規定を設けても，かかる差別的取扱いをもつてただちに合理的な
根拠を欠くものと断ずることはでき」ないとしています（尊属殺重罰規定違憲判
決　最大判昭48.4.4）。つまり，尊属殺を普通殺に比べて重く処罰するという目
的自体は，不合理というわけではないということですね。したがって，本問は誤
りです。

❷▶ 尊属殺という特別の罪を設け，刑罰を加重すること自体は直ちに違憲と
はならないが，加重の程度が極端であって，立法目的達成の手段として甚だ
しく均衡を失し，これを正当化し得べき根拠を見出し得ないときは，その差
別は著しく不合理なものとして違憲となる。　　　　　　（司法H26-3-ウ）

　❶と異なり，❷は手段の合理性を問題としています。判例は，「加重の程度が
極端であって，前示のごとき立法目的達成の手段として甚だしく均衡を失し，こ
れを正当化しうべき根拠を見出しえないときは，その差別は著しく不合理なもの
といわなければならず，かかる規定は憲法14条1項に違反して無効であるとし
なければならない」としています（同判例）。立法の目的は，❶にあるように不
合理とはいえないとしても，そのための手段がやりすぎ（加重の程度が極端）で
ある場合には，不合理な差別として違憲になるというわけです。したがって，❷
は正しいです。
　このように，目的の合理性と手段の合理性を意識しながら問題を解いていくよ
うにしましょう。

設問2

❶▶ 国籍法が血統主義を採用することには合理性があるが，日本国民との法律上の親子関係の存否に加え，日本との密接な結びつきの指標として一定の要件を設け，これを満たす場合に限り出生後の国籍取得を認めるとする立法目的には，合理的な根拠がないため不合理な差別に当たる。　（R1-4-2）

　この問題も，「立法目的には，合理的な根拠がないため」とあるため，区別の目的の合理性が問われていることがわかります。判例は，「国籍法3条1項は，……血統主義を基調としつつ，日本国民との法律上の親子関係の存在に加え我が国との密接な結び付きの指標となる一定の要件を設けて，これらを満たす場合に限り出生後における日本国籍の取得を認めることとしたものと解される。……上記の立法目的自体には，合理的な根拠があるというべきである」としています（国籍法違憲訴訟判決　最大判平20.6.4）。したがって，❶は誤りです。

❷▶ 日本国民である父親から出生後に認知された子の日本国籍の取得をめぐる国籍法違憲判決は，日本国民である父親から出生後に認知された子について，父母の婚姻が日本国籍の取得の要件とされている点をして，立法目的との合理的関連性の認められる範囲を著しく超える手段を採用したものであるとした。
（司法H29-3-イ改）

　今度は，目的を達成するための手段の合理性について問われています。判例は，「今日においては，立法府に与えられた裁量権を考慮しても，我が国との密接な結び付きを有する者に限り日本国籍を付与するという立法目的との合理的関連性の認められる範囲を著しく超える手段を採用しているものというほかなく，その結果，不合理な差別を生じさせているものといわざるを得ない」としています（同判例）。したがって，❷のほうは正しいです。

　次に，判例がどのようなことを考慮して区別の合理性を判断しているのかを踏み込んで検討してみましょう。

　この点を意識して判例を読んで理解したうえで，実際の問題に対してチェックできれば，解法は完成です。

　判例を横断的に読み込んでみると，合理性の判断は，①区別されている法益の重要性と，②それが自助努力で脱却できるか（つまり自分の努力次第で解消できるものか），という2つの観点から考えられているようです。そのため，この点

を意識しながら問題を読んでみましょう。

設問3

❶ ▶ 日本国籍は重要な法的地位であり，父母の婚姻による嫡出子たる身分の取得は子が自らの意思や努力によっては変えられない事柄であることから，こうした事柄により国籍取得に関して区別することに合理的な理由があるか否かについては，慎重な検討が必要である。 　　　　　（司法H26－3－ア）

　この問題文は，国籍法違憲訴訟判決のとおりの内容です。まず，「日本国籍は，我が国の構成員としての資格であるとともに，我が国において基本的人権の保障，公的資格の付与，公的給付等を受ける上で意味を持つ重要な法的地位でもある」としました。これが，区別されている法益の重要性です。また，「父母の婚姻により嫡出子たる身分を取得するか否かということは，子にとっては自らの意思や努力によっては変えることのできない父母の身分行為に係る事柄である。したがって，このような事柄をもって日本国籍取得の要件に関して区別を生じさせることに合理的な理由があるか否かについては，慎重に検討することが必要である」としました。つまり，判例は，区別されている事柄が自助努力によって脱却することができないものと考えているわけです。このような観点から，判例は，慎重な検討を要するとしました。したがって，❶は正しいです。

❷ ▶ 嫡出でない子の法定相続分を嫡出子の2分の1とする民法の規定は，当該規定が補充的に機能する規定であることから本来は立法裁量が広く認められる事柄であるが，法律婚の保護という立法目的に照らすと著しく不合理であり，憲法に違反する。 　　　　　（R1－4－1）

　判例は，「法律婚という制度自体は我が国に定着しているとしても，……認識の変化に伴い，上記制度の下で父母が婚姻関係になかったという，子にとっては自ら選択ないし修正する余地のない事柄を理由としてその子に不利益を及ぼすことは許されず，子を個人として尊重し，その権利を保障すべきであるという考えが確立されてきているものということができる。……立法府の裁量権を考慮しても，嫡出子と嫡出でない子の法定相続分を区別する合理的な根拠は失われていたというべきである。したがって，本件規定は，……憲法14条1項に違反していたものというべきである」としています（非嫡出子相続分規定違憲決定　最大決平25.9.4）。つまり，判例は，法律婚の保護という立法目的に照らして著しく

不合理としたわけではありません。したがって，❷は誤りです。

　本問は，法の下の平等の判例を読む際に，区別されている法益の重要性やそれが自助努力で脱却できるか否かという視点を持っていないと解けなかった問題でした。

憲法

総合問題に　挑戦

問題　法の下の平等に関する次の記述のうち，最高裁判所の判例に照らし，妥当でないものはどれか。

1　憲法が条例制定権を認める以上，条例の内容をめぐり地域間で差異が生じることは当然に予期されることであるから，一定の行為の規制につき，ある地域でのみ罰則規定が置かれている場合でも，地域差のゆえに違憲ということはできない。

2　選挙制度を政党本位のものにすることも国会の裁量に含まれるので，衆議院選挙において小選挙区選挙と比例代表選挙に重複立候補できる者を，一定要件を満たした政党等に所属するものに限ることは，憲法に違反しない。

3　法定相続分について嫡出性の有無により差異を設ける規定は，相続時の補充的な規定であることを考慮しても，もはや合理性を有するとはいえず，憲法に違反する。

4　尊属に対する殺人を，高度の社会的非難に当たるものとして一般殺人とは区別して類型化し，法律上刑の加重要件とする規定を設けることは，それ自体が不合理な差別として憲法に違反する。

5　父性の推定の重複を回避し父子関係をめぐる紛争を未然に防止するために，女性にのみ100日を超える再婚禁止期間を設けることは，立法目的との関係で合理性を欠き，憲法に違反する。

(H 28 - 7)

4 法の下の平等 | 31

※**○**：妥当である　　**✕**：妥当でない

1　判例は，「憲法が各地方公共団体の条例制定権を認める以上，地域によつて
○　差別を生ずることは当然に予期されることであるから，かかる差別は憲法み
　　ずから容認するところである……それ故，地方公共団体が売春の取締につい
　　て各別に条例を制定する結果，その取扱に差別を生ずることがあつても，
　　……地域差の故をもつて違憲ということはできない」としている（最大判昭
　　33.10.15）。

2　判例は，「政策本位，政党本位の選挙制度というべき比例代表選挙と小選挙
○　区選挙とに重複して立候補することができる者が候補者届出政党の要件と衆
　　議院名簿届出政党等の要件の両方を充足する政党等に所属する者に限定され
　　ていることには，相応の合理性が認められるのであって，不当に立候補の自
　　由や選挙権の行使を制限するとはいえず，これが国会の裁量権の限界を超え
　　るものとは解されない」としている（最大判平11.11.10）。

3　判例は，「民法900条４号ただし書の規定のうち嫡出でない子の相続分を嫡
○　出子の相続分の２分の１とする部分（以下，この部分を『本件規定』とい
　　う。）は……平成７年大法廷決定においては，本件規定を含む法定相続分の
　　定めが遺言による相続分の指定等がない場合などにおいて補充的に機能する
　　規定であることをも考慮事情としている。しかし，……本件規定が上記のよ
　　うに補充的に機能する規定であることは，その合理性判断において重要性を
　　有しないというべきである。……遅くともＡの相続が開始した平成13年７
　　月当時においては，立法府の裁量権を考慮しても，嫡出子と嫡出でない子の
　　法定相続分を区別する合理的な根拠は失われていたというべきである。した
　　がって，本件規定は，遅くとも平成13年７月当時において，憲法14条１項
　　に違反していたもの」としている（非嫡出子相続分規定違憲決定　最大決平
　　25.9.4）。

4　判例は，「尊属の殺害は通常の殺人に比して一般に高度の社会的道義的非難
✕　を受けて然るべきであるとして，このことをその処罰に反映させても，あな
　　がち不合理であるとはいえない。そこで，……さらに進んでこのことを類型
　　化し，法律上，刑の加重要件とする規定を設けても，かかる差別的取扱いを
　　もつてただちに合理的な根拠を欠くものと断ずることはできず，したがつて
　　また，憲法14条１項に違反するということもできない」としている（尊属殺

重罰規定違憲判決　最大判昭48.4.4）。

5　判例は，「女性について6箇月の再婚禁止期間を定める民法733条1項の規
○　定……のうち100日超過部分は，……婚姻及び家族に関する事項について国
　　会に認められる合理的な立法裁量の範囲を超えるものとして，その立法目的
　　との関連において合理性を欠くものになっていた……，同部分は，憲法14
　　条1項に違反する」としている（最大判平27.12.16）。

以上により，妥当でないものは4であり，正解は4となる。

5. 表現の自由

→ 総合テキスト **Chapter 5**, 総合問題集 **Chapter 5**

イントロダクション

　表現の自由は，学習範囲が広いですが，本試験でも頻出テーマの1つですから，しっかりと攻略していきましょう。本試験では，表現の自由の保障の範囲やその限界（特に事前抑制の禁止）が何度も出題されています。本章を通じて，基本的な考え方を理解し，問題を解く際の視点をマスターしていきましょう。

1 報道の自由等

解法の鉄則その1
① 保障のレベルを捉える
② 制約根拠を捉える

　表現の自由に関する問題では，報道の自由に関連するものが繰り返し出題されています。報道の自由の問題では，保障のレベルが何度も問われています。ここがポイントなので，注意して問題を解くようにしましょう。

設問1

❶ ▶ 報道機関の報道行為は，民主主義社会において，国民が国政に関与するにつき，重要な判断の資料を提供し，国民の「知る権利」に奉仕するものであるから，思想の表明の自由とならんで，事実の報道の自由は，表現の自由を想定した憲法21条の保障のもとにある。 　　　　　　（H18-5-4）

　判例は，「報道機関の報道は，民主主義社会において，国民が国政に関与するにつき，重要な判断の資料を提供し，国民の『知る権利』に奉仕するものである。したがつて，思想の表明の自由とならんで，事実の報道の自由は，表現の自由を規定した憲法21条の保障のもとにある」としています（博多駅テレビフィルム提出命令事件　最大決昭44.11.26）。したがって，本問は正しいです。

❷▶ 報道機関の報道が正しい内容をもつためには，報道のための取材行為も，憲法21条の規定の精神に照らし，十分尊重に値するから，報道の公共性や取材の自由への配慮から，司法記者クラブ所属の報道機関の記者に対してのみ法廷においてメモを取ることを許可することも，合理性を欠く措置とはいえない。 (H 18 - 5 - 5)

　今度は，「報道のための取材行為」に関してです。判例は，報道のための取材行為は，憲法21条の規定の精神に照らして，「十分尊重に値する」としており，報道の自由に比べてその保障のレベルをワンランク下げています（同判例）。したがって，❷の答えも正しいと判断することができます。

❸▶ さまざまな意見，知識，情報に接し，これを摂取することを補助するものとしてなされる限り，筆記行為の自由は，憲法21条1項の規定の精神に照らして尊重されるべきであるが，これは憲法21条1項の規定によって直接保障される表現の自由そのものとは異なるから，その制限又は禁止には，表現の自由に制約を加える場合に一般に必要とされる厳格な基準が要求されるものではない。 (H 25 - 7 - 4)

　続いて，筆記行為の自由に関してです。判例は，筆記行為の自由は，憲法21条の規定の精神に照らして「尊重されるべき」としており，取材行為から更に保障のレベルをワンランク下げています（レペタ事件　最大判平元.3.8）。このように，報道の自由＞取材行為の自由＞筆記行為の自由という保障のレベル差を把握しておくことが重要です。このような解法の手順に従えば，本問は正しいことがわかります。

❹▶ 一般人の筆記行為の自由について，それが，さまざまな意見，知識，情報に接し，これを摂取することを補助するものとしてなされる限り，憲法21条の規定の精神に照らして十分尊重に値するが，表現の自由そのものとは異なるため，その制限や禁止に対し，表現の自由の場合と同等の厳格な基準は要求されない。 (H 18 - 5 - 3)

　多少❸と表現が異なっていますが，保障のレベルに着目すれば，筆記行為の自由について，「憲法21条の規定の精神に照らして十分尊重に値する」となっていることに気づくでしょう。したがって，❹の答えは誤りです。

❺▶ 報道機関の取材の自由は憲法21条1項の規定の保障の下にあることはいうまでもないが, この自由は他の国民一般にも平等に保障されるものであり, 司法記者クラブ所属の報道機関の記者に対してのみ法廷内でのメモ採取を許可することが許されるかは, それが表現の自由に関わることに鑑みても, 法の下の平等との関係で慎重な審査を必要とする。 (H25-7-1)

もう1つ解いてみましょう。

問題文が長いですが, 文頭の「取材の自由は憲法21条1項の規定の保障の下にあることはいうまでもないが」という部分が誤りであることがすぐにわかるはずです。

2 表現の自由の限界

解法の
鉄則
その2

① 検閲の禁止は, 考える順序を次のように決めておく
→ 検閲の定義にあてはめる
→ あてはまらない場合, 事前抑制禁止の基準を考える
② 表現内容規制と表現内容中立規制の相違点を整理しておく
③ 明確性の理論を考える

まずは, 出題頻度が高い事前抑制の禁止について考えていきます。

事前抑制の禁止を考える際には, 検閲の検討から入ります。検閲とは, 行政権が主体となって, 思想内容等の表現物を対象とし, その全部または一部の発表の禁止を目的として, 対象とされる一定の表現物につき網羅的一般的に, 発表前にその内容を審査したうえ, 不適当と認めるものの発表を禁止することをいいます。検閲は, 絶対に禁止されているため, この定義に該当すると, その表現行為への抑制は許されないことになります。それでは, 次の問題をとおして, 検閲の定義へどのようにあてはめていくかを学んでいきましょう。

設問2

❶▶ 「総務省で, 出版前に書物を献本することを義務づけ, 内閲の結果, 風俗を害すべき書物については, 発行を禁止すること」は, 検閲に該当する。
(H15-4-オ改)

　まず，「総務省で」と書かれていることから，**行政権が主体**となっています。また，書物という思想内容等の表現物を対象としています。そして，風俗を害すべき書物の発行を禁止することを目的として，出版前に書物を網羅的に検査しています。したがって，「全部または一部の発表の禁止を目的として，対象とされる一定の表現物につき網羅的一般的に，発表前にその内容を審査し」ていることが認められます。さらに，風俗を害すべき書物の発行を禁止することにしているので，「不適当と認めるものの発表を禁止すること」に該当します。よって，検閲の定義に該当します。以上より，❶は正しいです。

> ❷➤「メーデー式典に使用する目的で出された，公共の用に供されている広場の利用申請に対して，不許可の処分を行うこと」は，検閲に該当する。
> （H 15 - 4 - エ改）

　本問は，広場の利用申請に対しての不許可処分ですから，「思想内容等の表現物」を対象としたものではありません。したがって，検閲には該当しません。よって，❷は誤りです。

● 5-1　判例の考え方

検閲の定義へのあてはめ方のイメージはつかめたでしょうか。それでは，次に，判例において検閲の該当性が問題となったものを見ていきましょう。その際には，結論だけでなく，理由もしっかりと押さえていくようにしてください。

設問3

❶▶「税関で，関税定率法における輸入禁制品の検査の結果，わいせつ表現を含む書物の輸入を禁止すること」は，検閲に該当する。　　（H 15 - 4 - ア改）

❶では，「税関」という言葉にすぐに反応できるようにしましょう。税関検査について，判例は，「本件規定による輸入規制は，<u>既に国外において発表された</u>」書物を対象としており，<u>発表そのものを禁止してはいない</u>ことを理由に，検閲に該当しないとしました（税関検査合憲判決　最大判昭59.12.12）。したがって，本問は誤りです。

❷▶ 教科書検定による不合格処分は，発表前の審査によって一般図書としての発行を制限するため，表現の自由の事前抑制に該当するが，思想内容の禁止が目的ではないから，検閲には当たらず，憲法21条2項前段の規定に違反するものではない。　　　　　　　　　　　　　　　　　　　　（R 1 - 6 - 2）

❷では，「教科書検定」に反応できるようにしましょう。判例は，教科書検定に不合格となったとしても，<u>一般図書としての発表を制限するわけではない</u>ことを理由として，検閲に該当しないとしました（教科書検定事件　最判平5.3.16）。つまり，一般図書として販売できるのだから，発表を禁止しているわけではなく，検閲には該当しないということです。したがって，本問は，誤りです。

❸▶ 裁判所の事前差止めは，司法裁判所により，当事者の申請に基づき差止請求権等の私法上の被保全権利の存否，保全の必要性の有無を審理判断して発せられるものであるから，憲法第21条第2項前段の「検閲」には当たらない。　　　　　　　　　　　　　　　　　　　　　　　　（司法H 24 - 3 - ア改）

❸では，「裁判所の事前差止め」に反応しましょう。裁判所は，行政権ではなく<u>司法権</u>です。また，裁判所は，<u>発表の禁止を目的として事前差止めを行っているわけではなく，あくまでも私法上の保全の必要性の有無を判断しているにすぎません</u>（北方ジャーナル事件　最大判昭61.6.11）。したがって，本問は正しい

です。

　北方ジャーナル事件では，更にもう１つ検討事項があります。次の問題を読んでみてください。

❹▶ 裁判所の事前差止めは，表現行為が公共の利害に関する事項の場合は原則として許されないが，表現内容が真実でなく，又はそれが専ら公益を図る目的のものでないことが明白で，かつ，被害者が重大で著しく回復困難な損害を被るおそれがあるときは，例外的に許される。　　　（司法Ｈ24－３－イ）

　裁判所の事前差止めは，検閲の定義にはあてはまらないものの，**結果的に表現物の発表を事前に抑制している側面はある**わけです。そのため，判例は，**例外的な場合を除き，裁判所の事前差止めは許されない**としています（最大判昭61.6.11）。この要件の例外は，正確に記憶しておくようにしましょう。本問は，判旨のとおりですから，正しいです。

　次に，**解法の鉄則その2** の②の表現内容に対する規制（表現内容規制）と表現の時・場所・方法に対する規制（表現内容中立規制）について考えていきましょう。

　表現内容に着目した表現内容規制は，表現の日時場所を規制するにすぎない表現内容中立規制に比べて，公権力の恣意が働きやすく，表現行為への萎縮効果が生じやすいと考えられています。そのため，**表現内容規制が許容されるかは，表現内容中立規制に比して厳格に判断される**ことになります。

　解法としては，上記のような考え方を前提とすることと，具体的な例が問われた際に，どちらに着眼点を置いた規制なのかが判断できるようになることが重要です。

設問4

　次のＡからＦまでの表現の自由に対する規制に関する事例を，表現内容規制であるものと，表現内容中立規制であるものに分類せよ。

Ａ　新聞の記事が人の名誉を毀損したとして，新聞社の経営者を，名誉毀損罪により処罰すること
Ｂ　都市の美観風致を維持するため，電柱などへのビラ貼りを，屋外広告物条例により禁止すること

C　内乱罪や外患誘致罪を実行させる目的をもってする扇動を，破壊活動防止法により処罰すること

D　選挙に関して投票を得若しくは得しめ又は得しめない目的で戸別訪問をすることを，公職選挙法により処罰すること

E　青少年の健全な育成を阻害するおそれがあると認めて知事が指定した，著しく性的感情を刺激し，又は著しく残忍性を助長するような有害図書の販売を，青少年保護育成条例により禁止すること

（旧司法H 6 – 11改）

Aは，「新聞の記事」の内容に着目して，それが人の名誉を毀損したとして処罰するのですから，表現内容規制に該当します。

Bは，ビラの内容を問わず，電柱などへビラを貼ることを禁止しています。つまり，電柱へ貼るという**方法**を規制しているわけですから，表現内容中立規制に該当します。

Cは，「内乱罪や外患誘致罪を実行させる目的をもってする扇動」という内容に着目して処罰規定を置いていますから，表現内容規制に該当します。

Dは，選挙活動の中でも，「戸別訪問」という方法について規制をかけるものですから，表現内容中立規制に該当します。

Eは，「著しく性的感情を刺激し，又は著しく残忍性を助長する」内容の図書の販売を規制しようとしていますから，表現内容規制に該当します。

表現内容規制と表現内容中立規制についてのイメージはつかめたでしょうか。それでは，更に過去問題を検討していくことにしましょう。

設問5

表現の内容規制とは，ある表現が伝達しようとするメッセージを理由とした規制であり，政府の転覆を煽動する文書の禁止，国家機密に属する情報の公表の禁止などがその例である。

（R 2 – 4 – 1）

表現内容規制の意義は合っていますよね。また，「政府の転覆を煽動する」という**内容**及び「国家機密に関する情報」という**内容**に対して規制をかけようというのですから，表現内容規制の例として適切であるといえるでしょう。したがって，本問は正しいです。

設問6

　表現内容中立規制とは，表現が伝達しようとするメッセージの内容には直接関係なく行われる規制であり，学校近くでの騒音の制限，一定の選挙運動の制限などがその例である。　　　　　　　　　　　　　　（R2-4-3）

　表現内容中立規制の意義は合っています。**内容**ではなく，その方法等を規制するものということですね。また，「学校近く」という場所及び「一定の選挙運動」という方法に着目した規制ですから，表現内容中立規制として適切であるといえるでしょう。したがって，本問は正しいです。

　最後に，　**解法の鉄則その2**　の③にある，明確性の理論を検討しておきましょう。

　ここは，**①文言の明確性の判断基準 → ②文言の限定解釈**という検討順序で整理をしておくと，問題が解きやすくなります。

　まず，①文言の明確性の判断基準について，次の問題を読んでみましょう。

設問7

　ある刑罰法規が曖昧不明確のゆえに憲法31条に違反するものと認めるべきかどうかは，その刑罰が適用される関係者一般の理解において，具体的場合に当該行為がその適用を受けるものかどうかの判断を可能ならしめるような基準が読みとれるかどうかによってこれを決定すべきである。　　　（オリジナル）

　表現行為を規制する立法は，明確である必要があります。表現の自由を規制する立法が漠然不明確である場合，国民はいかなる表現が規制対象になるか判断できず，表現行為に対し萎縮効果が生じてしまうからです。それでは，何を基準として，明確であると考えるのでしょうか。この点について判例は，**通常の判断能力を有する一般人の理解を基準にする**としています（徳島市公安条例事件　最大判昭50.9.10）。本問のように，当該法令が適用される関係者を基準とはしません。したがって，本問は誤りです。明確性の問題が出題された場合，必ず，判例の「通常の判断能力を有する一般人の理解」ということを思い出して問題を解くようにしましょう。

　これを確認したら，次に，②文言の限定解釈について検討します。次の問題を読んでみましょう。

　表現行為の規制には明確性が求められるため，表現行為を規制する刑罰法規の法文が漠然不明確であったり，過度に広汎であったりする場合には，そうした文言の射程を限定的に解釈し合憲とすることは，判例によれば許されない。

(R2-4-5)

　本問は，問題文中に「明確性が求められる」とあるので，①文言の明確性の判断はすぐにできます。それでは，②文言の射程を限定的に解釈することはできるのでしょうか。判例は，「本条例が規制の対象としている『暴走族』は，本条例2条7号の定義にもかかわらず，暴走行為を目的として結成された集団である本来的な意味における暴走族の外には，服装，旗，言動などにおいてこのような暴走族に類似し社会通念上これと同視することができる集団に限られるものと解され，したがって，市長において本条例による中止・退去命令を発し得る対象も，被告人に適用されている『集会』との関係では，本来的な意味における暴走族及び上記のようなその類似集団による集会が，本条例16条1項1号，17条所定の場所及び態様で行われている場合に限定されると解される」として，文言を限定的に解釈する手法を用いています（広島市暴走族追放条例違反事件　最判平19.9.18）。したがって，本問は誤りです。

問題 写真家Ａが自らの作品集をある出版社から発売したところ，これに収録された作品のいくつかが刑法175条にいう「わいせつ」な図画に該当するとして，検察官によって起訴された。自分が無罪であることを確信するＡは，裁判の場で自らの口から「表現の自由」を主張できるように，慌てて憲法の勉強を始め，努力の甲斐あって次の１～５のような考え方が存在することを知ることができた。このうち，本件の事案において主張するものとして，最も適しない考え方はどれか。

1 わいせつ表現についても，表現の自由の価値に比重を置いてわいせつの定義を厳格にしぼり，規制が及ぶ範囲をできるだけ限定していく必要がある。

2 表現の自由は「公共の福祉」によって制約されると考える場合であっても，これは他人の人権との矛盾・衝突を調整するための内在的制約と解すべきである。

3 憲法21条２項前段が「検閲の禁止」を定めているように，表現活動の事前抑制は原則として憲法上許されない。

4 表現の自由に対する規制が過度に広汎な場合には，当事者は，仮想の第三者に法令が適用されたときに違憲となりうることを理由に，法令全体の違憲性を主張できる。

5 文書の芸術的・思想的価値と，文書によって生じる法的利益の侵害とを衡量して，前者の重要性が後者を上回るときにまで刑罰を科するのは違憲である。

(H 23 - 5)

※○：最も適しない　　✗：最も適しないとはいえない

1　本肢のように，刑法175条の「わいせつ」の定義を厳格にしぼり，規制が及
✗　ぶ範囲をできるだけ限定していくべきとした場合，本問のAの出版物はわい
　　せつな図画にはあたらないと判断され易くなる。したがって，本肢は，Aが
　　本件の事案において主張するものとして，最も適しない考え方とはいえな
　　い。

2　表現の自由も，「公共の福祉」による制約を受ける。また，わいせつ表現の
✗　規制の根拠は，性的秩序を守り，最小限度の性道徳を維持することにあると
　　される（最大判昭32.3.13）。そこで，「公共の福祉」を本肢のように捉えた場
　　合，わいせつ表現の規制根拠と「公共の福祉」は，結びつきづらいものと考
　　えることもできる。したがって，本肢は，Aが本件の事案において主張する
　　ものとして，最も適しない考え方とはいえない。

3　確かに，表現行為に対する事前抑制は，原則として禁止される（最大判昭
○　61.6.11参照）。しかし，本問の場合，Aの出版物はすでに発売されているの
　　であるから，出版物が刑法175条のわいせつな図画に該当するとしてAが起
　　訴されたとしても，それは事前抑制にはあたらない。したがって，本肢は，
　　Aが本件の事案において主張するものとして，最も適しない考え方といえ
　　る。

4　本肢の考え方によれば，Aは，刑法175条の「わいせつ」との規定が不明確
✗　であり，表現の自由に対する過度に広汎な規制であるとして，同条の違憲性
　　を主張することが考えられる。したがって，本肢は，Aが本件の事案におい
　　て主張するものとして，最も適しない考え方とはいえない。

5　本肢の考え方によれば，Aは，Aの出版物の芸術的・思想的価値は，当該出
✗　版物の販売等によって侵害される法的利益（善良な性風俗等）を上回ると
　　し，このような場合にまで刑罰を科すのは違憲であると主張することができ
　　る。したがって，本肢は，Aが本件の事案において主張するものとして，最
　　も適しない考え方とはいえない。

　　以上より，最も適しない考え方は3であり，正解は3となる。

6. その他の人権の重要概念

⇒ 総合テキスト **Chapter 4・6 1 ・7**, 総合問題集 **Chapter 4・6 問題 17 ・7**

> ### イントロダクション
> ....
>
> 　本章では，ここまでに解法をしてきたテーマの他に，本試験において重要と考えられる人権について学習していきます。いずれも判例法理を徹底的に理解することが重要です。解法手順も判例の理解をもとに構築されますので，判例の基本的な考え方を習得し，問題が解ける形で整理をしていきましょう。

1 思想・良心の自由

解法の鉄則 その1
① 思想・良心の意義を捉える
② 制約の有無を捉える

　思想・良心の自由は，絶対的な保障と考えられています。なぜなら，個人の思想・良心は，内面に留まる限り，他者の利益との衝突が起こり得ないからです。

　このように考えると，個人の思想・良心と反する事柄を外部に表示することを強制した時点で，その行為は違憲であることが確定することになります。

　そこで，問題を解くうえで検討する中心となるのは，**思想・良心の意義**ということになります。問題となっている事柄が，思想・良心に該当しなければ，行為が違憲であるか否かという以前に当該権利を侵害することにならないからです。

　それでは，早速問題を読みながら，この論点の解法手順を確立させていきましょう。

> **設問1**
> 　憲法19条の「思想及び良心の自由」は，「信教の自由」（20条1項）の保障対象を宗教以外の世俗的な世界観・人生観等にまで拡大したものであるため，信教の自由の場合と同様に，固有の組織と教義体系を持つ思想・世界観のみが保護される。
> （H21 − 5 − 1）

思想・良心の意義に関しては，個人の人格形成に必要な内面的な精神作用を意味すると考える見解や，個人の内心の活動一般を意味すると広く解する見解などがあります。ここで，確実に把握しておきたいのは，判例はどちらの見解に立つかが明らかではないということです。したがって，本問のように，思想・良心は，○○のようなもののみを保護するというような趣旨の出題は誤りとせざるを得ないわけです。

　それでは，設問2 から具体的な判例問題をとおして，思想・良心の自由に対する考え方を理解していってください。

設問2

❶ ▶ 裁判所が謝罪広告を強制しても，単に事態の真相を告白し，陳謝の意を表明するにとどまる場合は，良心の自由を不当に制限することにはならない。

(司法H 26 - 4 - イ)

　通常の思考でいくと，思想・良心とは，○○を意味する → 謝罪広告は，当該定義にあてはまらない → したがって，思想・良心の自由を不当に制限しないという論理になりそうです。しかし，判例は，特に思想・良心の意義について言及することなく，「謝罪広告であっても，本件の場合のように単に事態の真相を告白し陳謝の意を表明するにとどまる程度であれば，これを代替執行によって強制しても合憲である」としています（最大判昭31.7.4）。したがって，本問は正しいです。

❷ ▶ 裁判所が謝罪広告を強制しても，個人の人格形成に必要な内面的な精神作用を害しなければ，良心の自由を不当に制限することにはならない。

(司法H 26 - 4 - イ改)

　❶を改題しました。前記の判例は，思想・良心の意義を明確にしているわけではないので，本問は誤りです。

　次からは，解法の鉄則その1 の②にあたる問題を見ていきます。

設問3

　市立小学校の入学式における国歌斉唱の際に「君が代」のピアノ伴奏をする行為は，音楽専科の教諭にとって通常想定され期待されるものであり，当該教

諭が特定の思想を有するということを外部に表明する行為であると評価することは困難なものである。　　　　　　　　　　　　　　　　（司法H 29 - 4 - イ）

　まず，判例は，「子どもに『君が代』がアジア侵略で果たしてきた役割等の正確な歴史的事実を教えず，子どもの思想及び良心の自由を実質的に保障する措置を執らないまま『君が代』を歌わせるという人権侵害に加担することはできないなどの思想及び良心を有すると主張するところ，このような考えは，『君が代』が過去の我が国において果たした役割に係わる上告人自身の歴史観ないし世界観及びこれに由来する社会生活上の信念等ということができる」としています（ピアノ伴奏拒否事件　最判平19.2.27）。ここでも，思想・良心の意義については，具体的に述べられていません。もっとも，この判旨からすると，最高裁判所は，どうやら思想・良心の意義については限定的な解釈をしているようにみえます。

　そのうえで判例は，「『君が代』のピアノ伴奏をするという行為自体は，音楽専科の教諭等にとって通常想定され期待されるものであって，上記伴奏を行う教諭等が特定の思想を有するということを外部に表明する行為であると評価することは困難なもの」としています。つまり，音楽専科の教諭がピアノ伴奏をすることは，あまりにも日常的な行動であり，その行動を求めたところで，音楽専科の教諭の思想を外部から感じとることはできないということです。したがって，本問は正しいです。

　ピアノ伴奏拒否事件については，音楽教諭の考え自体は思想・良心に該当する → もっとも，それを外部から感じとられるような行為を求めていない → したがって，音楽教諭の思想・良心を侵害（制約）していないというような要領で押さえておくとよいでしょう。

設問4

　公立高等学校の卒業式における国歌斉唱の際に起立斉唱する行為は，学校の儀礼的行事における慣例上の儀礼的な所作としての性質を有するものであり，同校の校長が教諭に当該行為を命じても，当該教諭の思想・良心の自由を何ら制約するものではない。　　　　　　　　　　　　　　（司法H 29 - 4 - ウ）

　今度は，君が代起立斉唱行為が問題となった例です。判例は，「日本の侵略戦争の歴史を学ぶ在日朝鮮人，在日中国人の生徒に対し，『日の丸』や『君が代』を卒業式に組み入れて強制することは，教師としての良心が許さないという考えを有している旨主張する。このような考えは，『日の丸』や『君が代』が戦前の

軍国主義等との関係で一定の役割を果たしたとする上告人自身の歴史観ないし世界観から生ずる社会生活上ないし教育上の信念等ということができる」としました（「君が代」起立斉唱の職務命令　最判平23.5.30）。こちらも，思想・良心の意義を具体的には明らかにしていません。

　そのうえで，「上記の起立斉唱行為は，教員が日常担当する教科等や日常従事する事務の内容それ自体には含まれないものであって，一般的，客観的に見ても，国旗及び国歌に対する敬意の表明の要素を含む行為であるということができる。そうすると，自らの歴史観ないし世界観との関係で否定的な評価の対象となる『日の丸』や『君が代』に対して敬意を表明することには応じ難いと考える者が，これらに対する敬意の表明の要素を含む行為を求められることは，その行為が個人の歴史観ないし世界観に反する特定の思想の表明に係る行為そのものではないとはいえ，個人の歴史観ないし世界観に由来する行動（敬意の表明の拒否）と異なる外部的行為（敬意の表明の要素を含む行為）を求められることとなり，その限りにおいて，その者の思想及び良心の自由についての間接的な制約となる面があることは否定し難い」としました。ピアノ伴奏拒否事件と異なり，**君が代起立斉唱行為は，教員が普段行うような行動ではないです**よね。そのため，**自己の思想と異なる行為を求められる側面はある**ということになります。判例は，この点を**間接的な制約**と認定したわけです。したがって，本問は誤りです。

② 信教の自由

> **解法の鉄則その2**
> ①　制約の態様に着眼点を置く
> ②　政教分離の論理を押さえる
> 　→　政教分離原則の定義からすれば，国家と宗教はかかわってはいけない
> 　→　もっとも，実際上それは困難である
> 　→　そこで，相当程度のかかわり合いは許容せざるを得ない
> 　→　具体的には，目的効果基準

　日本国憲法は20条3項において，国家が宗教と結びつくことを固く禁じています。このように，**国家は宗教に対して中立でなければならないとする原則を，政教分離原則**といいます。政教分離原則に関する問題は，判例の論理を理解したうえで，判断基準にきっちりとあてはめられるように知識を整理しておきましょ

う。政教分離原則に反するか否かの判断基準にあてはめられるようになれば，解法は完成したといえます。

　それでは，津地鎮祭事件をとおして，政教分離の論理を確認していきましょう。

津地鎮祭事件(最大判昭52.7.13)

　政教分離規定は，いわゆる制度的保障の規定であって，信教の自由そのものを直接保障するものではなく，国家と宗教との分離を制度として保障することにより，間接的に信教の自由の保障を確保しようとするものであるが，国家と宗教との完全な分離を実現することは，実際上不可能に近いものといわなければならない。

　憲法20条3項により禁止される宗教的活動とは，宗教とのかかわり合いが，わが国の社会的・文化的諸条件に照らし信教の自由の保障の確保という制度の根本目的との関係で，相当とされる限度を超えるもの，すなわち，その行為の目的が宗教的意義を持ち，その効果が宗教に対する援助，助長，促進又は圧迫，干渉等になるような行為に限られる。

　神式地鎮祭は，その目的は世俗的で，効果も神道を援助，助長したり，他の宗教に圧迫，干渉を加えるものではないから，宗教的活動とはいえず，政教分離原則に反しない。

　津地鎮祭事件では，三重県津市が，市体育館の建設起工式を神式の地鎮祭として挙行し，それに公金を支出したことが憲法20条及び89条に違反するのではないかが争われました。争点は，津市が地鎮祭に対して公金を支出したことが，宗教的活動に公権力が関与したこととなり，政教分離原則に反するのではないかという点です。

　判例は，何が政教分離原則に違反するかの判断基準として，「行為の目的が宗教的意義を持ち，その効果が宗教に対する援助，助長，促進又は圧迫，干渉等になるような行為」か否かで判断をしているといえます。ここまでの論理と，具体的な判断基準をしっかりと記憶しておきましょう。そのうえで，次の問題を読んでみてください。

設問5

　憲法が国およびその機関に対し禁ずる宗教的活動とは，その目的・効果が宗教に対する援助，助長，圧迫，干渉に当たるような行為，あるいは宗教と過度のかかわり合いをもつ行為のいずれかをいう。　　　　　　　　　　(H28-6-1)

政教分離の論理から丁寧に考えることが要求される問題です。先ほどの判例の理解によれば，宗教的活動とは，宗教とのかかわり合いが相当程度を超えるもの（＝過度のかかわり合い），「すなわち，その行為の目的が宗教的意義を持ち，その効果が宗教に対する援助，助長，促進又は圧迫，干渉等になるような行為に限られる」としていました。本問のように，「いずれか」というような選択的な扱いにはしていません。したがって，本問は誤りです。

本問は，なんとなく聞いたことがあるような言葉が混じっているため難しく感じますが，論理関係がおかしいという問題でした。行政書士試験の憲法では，こういった出題が散見されるため，判断に迷った際には，正確に論理を思い出し，丁寧にあてはめることが重要です。

次に，**解法の鉄則その2** の②のうちの「宗教」について検討します。国家が宗教団体にかかわってはいけないということですが，ここでいう宗教団体とは何を意味するのでしょうか。**設問6** をとおして，この点も確認しておきましょう。

設問6

　憲法は，宗教と何らかのかかわり合いのある行為を行っている組織ないし団体であれば，これに対する公金の支出を禁じていると解されるが，宗教活動を本来の目的としない組織はこれに該当しない。
(H 28 - 6 - 2)

判例によれば，**宗教団体とは，特定の宗教の信仰，礼拝又は普及等の宗教的活動を行うことを本来の目的とする組織ないし団体を指す**とされています（箕面忠魂碑・慰霊祭訴訟　最判平5.2.16）。宗教と何らかのかかわり合いのある行為を行っている組織や団体という程度では，宗教団体に該当しないわけです。したがって，本問は誤りです。

このように，政教分離原則に反するか否かの判断基準にあてはめることと，宗教団体に該当するかどうかを先に確認してしまうと，問題を解くのが速くなります。

次の **設問7** では，個々の判例の結論と簡単な理由を把握していくようにします。理由については，ここまでに学習した基準に該当するかを意識していくとよいでしょう。

それでは，信教の自由のテーマの最後の **解法の鉄則** に入ります。問題を検討しながら，政教分離原則に関する問題の解法を完成させていきましょう。

設問7

❶▶ 神社が主催する行事に際し，県が公費から比較的低額の玉串料等を奉納することは，慣習化した社会的儀礼であると見ることができるので，当然に憲法に違反するとはいえない。
(H 28 - 6 - 3)

　問題文中の「神社が主催」，「玉串料等の奉納」というところから，神社の宗教団体性は問題なく認定できそうです。また，玉串料の奉納は，宗教的な意義が濃厚なものであるイメージがありますね。判例も，「宗教団体に当たることが明らかなD神社又はE神社」としたうえで，「玉串料及び供物料は，例大祭又は慰霊大祭において右のような宗教上の儀式が執り行われるに際して神前に供えられるものであり，……各神社が宗教的意義を有すると考えていることが明らか」であるとしています（愛媛県玉串料訴訟　最大判平9.4.2）。したがって，本問は誤りであると判断しましょう。

　単に，判例を読んで丸暗記していくのではなく，宗教団体性や行為の性質から検討できるような思考回路作りをしておくことが問題攻略のポイントです。

❷▶ 町会は，地域住民によって構成される町内会組織であって，宗教的活動を目的とする団体ではなく，町会が地蔵像の維持管理を行う行為も宗教的色彩の希薄な伝統的習俗行事にとどまるから，市が地蔵像建立のために市有地を町会に無償提供した行為は，政教分離規定に反しない。

(司法H 23 - 6 - ウ)

　今度は，団体は「町会」です。行為が「地蔵像建立のために市有地を町会に無償提供した行為」です。ここに着目してください。まず，町会は❶の神社と異なり宗教団体性はないものと考えられます。また，地蔵像についても，今日においては宗教的な意義を感じるということは考えにくいものとなっています。そうすると，これは政教分離原則に反しないことになりそうです。判例も，「寺院外に存する地蔵像に対する信仰は，仏教としての地蔵信仰が変質した庶民の民間信仰であったが，それが長年にわたり伝承された結果，その儀礼行事は地域住民の生活の中で習俗化し，このような地蔵像の帯有する宗教性は希薄なものとなっている」こと，「本件各町会は，その区域に居住する者等によって構成されたいわゆる町内会組織であって，宗教的活動を目的とする団体ではなく，その本件各地蔵像の維持運営に関する行為も，宗教的色彩の希薄な伝統的習俗行事にとどまっている」ことを理由に，政教分離原則に違反しないとしています（大阪地蔵像訴

訟　最判平4.11.16）。したがって，❷は正しいです。

　信教の自由に関する判例は，特に有名なものが多いです。6-1に整理したので，再度チェックしておきましょう。

● 6-1　政教分離原則に関する判例

① 　津地鎮祭事件（最大判昭52.7.13）
　　神式地鎮祭は，その目的は世俗的で，効果も神道を援助，助長したり，他の宗教に圧迫，干渉を加えるものではないから，宗教的活動とはいえず，政教分離原則に反しない。

② 　愛媛県玉串料訴訟（最大判平9.4.2）
　　県が本件玉串料等を靖国神社又は護国神社に奉納したことは，その目的が宗教的意義を持つことを免れず，その効果が特定の宗教に対する援助，助長，促進になると認めるべきであり，これによってもたらされる県と靖国神社等とのかかわり合いが我が国の社会的・文化的諸条件に照らし相当とされる限度を超えるものであって，憲法20条3項の禁止する宗教的活動にあたり，また89条の禁止する公金の支出にあたるものとして違法というべきである。

③ 　箕面忠魂碑・慰霊祭訴訟（最判平5.2.16）
　　市が行った土地の買受け，遺族会への敷地の無償貸与等も，その目的は，もっぱら世俗的なものと認められ，特定の宗教を援助，助長，促進し又は他の宗教に圧迫，干渉を加えるものとは認められず，憲法20条3項により禁止される宗教的活動にはあたらない。また，憲法20条1項後段にいう「宗教団体」，憲法89条にいう「宗教上の組織若しくは団体」とは，特定の宗教の信仰，礼拝又は普及等の宗教的活動を行うことを本来の目的とする組織ないし団体を指す。

④ 　大阪地蔵像訴訟（最判平4.11.16）
　　大阪市が各町会に対して，地蔵像建立あるいは移設のため，市有地の無償使用を承認するなどした行為は，その目的及び効果に鑑み，その宗教とのかかわり合いが我が国の社会的・文化的諸条件に照らし信教の自由の確保という制度の根本目的との関係で相当とされる限度を超えるものとは認められず，憲法20条3項あるいは89条の規定に違反するものではない。

3　学問の自由

解法の
鉄則
その3

① 　学問の自由の保障範囲を押さえる
② 　大学の自治の内容を押さえる
　 → 　学生の立場が出題の中心

学問の自由には，研究の自由，研究発表の自由，教授の自由を含むと考えられています。この中で，特に注意して学習しておきたいのが，研究の自由と教授の自由です。この２つの問題意識を丁寧につかんでおくことが解法手順の確立につながります。

まずは，学問研究の自由です。早速，次の問題を読んでみてください。

設問8

学問研究を使命とする人や施設による研究は，真理探究のためのものであるとの推定が働くと，学説上考えられてきた。　　　　　　　　　（H30−4−1）

本問は正しいです。まず，学問研究は，いわゆる真理探究のためであるということを押さえておいてください。これを前提に，**設問9**の問題意識へと話を進めます。

設問9

真理の探究を目的とする学問研究の自由は，憲法第19条の保障する思想の自由の一部を構成するが，研究活動が必ずしも内面的精神活動に限定されないことからすれば，学問研究の自由を思想の自由と同様の絶対的な自由と見ることはできない。　　　　　　　　　　　　　　　　　　　（司法H19−9−ウ）

学問研究は真理の探究が目的であると考えると，本問のいうように思想・良心の一内容といえそうです。とすれば，学問研究の自由は，絶対的に自由であり，何の制約も受けないということになりそうです。しかし，学問研究は，内面的な精神活動にとどまることなく，外部的な活動（実験等のイメージを持つとよいでしょう）を伴うこともあります。これに鑑みれば，思想・良心の自由と同様の絶対的な自由を保障しているものと考えることはできません。したがって，本問は正しいです。

この問題意識を持っていれば，次のような設問にも対応することができるようになります。

設問10

❶▶ 遺伝子技術や医療技術など最新の科学技術に関わる研究の法的規制は，それが大学で行われる研究に関わるものであっても，一定の要件の下で許さ

れうる。 (H21-6-3)

<u>研究に対する法的規制は，許される</u>ことがあります。本問は正しいです。

❷▶ 先端科学技術をめぐる研究は，その特性上一定の制約に服する場合もあるが，学問の自由の一環である点に留意して，日本では罰則によって特定の種類の研究活動を規制することまではしていない。 (H30-4-2)

　例えば，ヒトに関するクローン技術等の規制に関する法律の第3条では，「何人も，人クローン胚，ヒト動物交雑胚，ヒト性融合胚又はヒト性集合胚を人又は動物の胎内に移植してはならない」と規定し，同法16条は，「第3条の規定に違反した者は，10年以下の懲役若しくは1,000万円以下の罰金に処し，又はこれを併科する」と規定しています。したがって，本問は誤りです。学問研究の自由に対する法的規制が許されるのかという問題意識をしっかりと持って解答していくようにしましょう。
　次に，教授の自由です。教授の自由については，普通教育の場における教授の自由の限界及びその理由を押さえておけばよいでしょう。

設問11
　判例によれば，普通教育において児童生徒の教育に当たる教師にも教授の自由が一定の範囲で保障されるとしても，完全な教授の自由を認めることは，到底許されない。 (H30-4-5)

　判例は，普通教育の場における教師にも「一定の範囲における教授の自由が保障されるべきことを肯定できないではない」としています。しかし，普通教育は，大学教育と異なり，①児童生徒に批判能力がなく，教師が児童生徒に対して強い影響力，支配力を有すること，②子どもの側に学校や教師を選択する余地が乏しいこと，③教育の機会均等をはかるうえからも全国的に一定の水準を確保すべき強い要請があることを理由に，普通教育における教師に完全な教授の自由を認めることは，とうてい許されないとしています（旭川学力テスト事件　最大判昭51.5.21）。したがって，本問は正しいです。
　試験対策上，普通教育における教師の教授の自由は限定的であること，及び上記に示したその3つの理由を押さえておくようにしてください。

最後に，**解法の鉄則その3** の②の大学の自治を検討しておきましょう。大学の自治については，問われることが決まっているため，そのポイントをつかんでおけば十分です。それでは，次の問題を読んでみてください。

設問12

❶▶ 大学の自治は，とくに大学の教授その他の研究者の人事に関して認められ，大学の自主的判断に基づいて教授その他の研究者が選任される。

(H 21 - 6 - 2)

判例によれば，大学の自治は，「とくに大学の教授その他の研究者の人事に関して認められ，大学の学長，教授その他の研究者が大学の自主的判断に基づいて選任される」としています（東大ポポロ事件　最大判昭38.5.22）。したがって，本問は正しいです。

❷▶ 大学の自治は，その施設と学生の管理についてもある程度で保障され，大学に自主的な秩序維持の権能が認められている。　　(H 21 - 6 - 5)

前記の判例（東大ポポロ事件）によれば，大学の自治は，「大学の施設と学生の管理についてもある程度で認められ，これらについてある程度で大学に自主的な秩序維持の権能が認められている」としています。したがって，本問は正しいです。
　このように，大学の自治は，①人事，②施設の管理，③学生の管理において認められるものであると整理しておくとよいでしょう。
　次に，学生側からの大学の自治の主張を検討します。

❸▶ 判例によれば，学生の集会が，実社会の政治的社会的活動に当たる行為をする場合には，大学の有する特別の学問の自由と自治は享有しない。

(H 30 - 4 - 4)

❸は前記の判例（東大ポポロ事件）のとおりであり，正しいです。学生は，あくまでも大学の利用者という立場にすぎず，**大学に学問の自由と大学の自治が認められ，施設が大学当局によって自治的に管理される結果**として，学生も学問の自由と施設の利用を認められるだけなのです。
　大学の自治が問われた際は，その**自治の内容 → 学生の立場**という部分を検討していくようにしましょう。

● 6-2　大学の自治

意　　義	大学の自治とは，大学における研究教育の自由を保障するため，大学の内部行政に関しては大学の自主的な決定に任せ，大学内の問題への外部勢力による干渉を排除することをいう
法的性格	大学における学問の自由を保障するため，伝統的に大学の自治が認められており，大学の自治は，学問の自由を保障するための制度的保障であると解されている(通説)
内　　容	大学の自治は，特に大学教授その他の研究者の人事に関して認められ，大学の学長，教授その他の研究者が大学の自主的判断に基づいて選任される。また，大学の施設と学生の管理についてもある程度認められ，これらについて，ある程度，大学に自主的な秩序維持の権能が認められている(東大ポポロ事件　最大判昭38.5.22)
主　　体	大学の学生は，大学の自治の主体ではない。学生として学問の自由を享有し，また，大学当局の自治的管理による施設を利用できるのは，大学の本質に基づき，大学の教授その他の研究者の有する特別な学問の自由と自治の効果としてである*

＊　大学における学生の集会もその範囲において自由と自治を認められるにすぎず，実社会の政治的社会的活動にあたる行為をする場合には，大学の有する特別の学問の自由と自治は享有しないので，学生の集会に警察官が立ち入ることは，大学の学問の自由と自治を侵すものではない。

4　職業選択の自由

解法の
鉄則
その4

① 　保障の範囲を捉える
② 　目的二分論の考え方を押さえる

　職業選択の自由は，その保障の範囲をさらっと検討したうえで，目的二分論の考え方をもとに判例を整理しておけば十分です。

設問13

　憲法22条1項は，国民の基本的人権の一つとして，職業選択の自由を保障しており，そこで職業選択の自由を保障するというなかには，広く一般に，いわゆる営業の自由を保障する趣旨を包含しているものと解すべきであり，ひいては，憲法が，個人の自由な経済活動を基調とする経済体制を一応予定しているものということができる。　　　　　　　　　　　　　　　　　　　　　(H26-4-2)

　問題文が長いですが，問われているのは，要は，職業選択の自由に営業の自由

が含まれるのかという点です。**職業選択の自由には，職務を遂行する自由，すなわち，営業の自由をも含む**といわれています。なぜならば，職業を自由に選択できても，その後の営業が自由にできなければ，意味がないからです。この職業を遂行する自由については，比較的問われている内容が明確なので，問題文を見て，真っ先に検討しておきたいものの１つです。

設問13 は，正しいです。

　この検討が終わったら，職業選択の自由に対する規制の態様とその規制の可否について考えていきます。典型的な規制の態様としては，次の３つが挙げられます。

① 資格制
② 許可制
③ 届出制

　規制の態様をきちんと把握しておけば，次のような問題にも対応できるようになります。

設問14

❶▶ 最高裁判所は，医薬品の供給を資格制にすることについて，重要な公共の福祉のために必要かつ合理的な措置ではないとして，違憲判決を出した。
(H21－4－ア改)

　判例は，医薬品の「供給業者を一定の資格要件を具備する者に限定し，それ以外の者による開業を禁止する許可制を採用したことは，それ自体としては公共の福祉に適合する目的のための必要かつ合理的措置として肯認することができる」としています（薬局距離制限事件　最判昭50.4.30）。これは，医薬品の供給を資格制にすることについての違憲判決ではありません。したがって，❶は誤りです。

　まずは，職業選択の自由に対する規制をかけること自体について検討しておくと，あとが楽になりますので，ここの検討を忘れないようにしておきましょう。

❷▶ 司法書士の業務独占については，登記制度が社会生活上の利益に重大な影響を及ぼすものであることなどを指摘して，合憲判決が出ています。
(H21－4－ウ)

　これも，資格制による経済活動の規制について問われていることがわかりま

す。「司法書士の業務独占」というのは，司法書士という資格がないと，登記業務ができないため，経済活動の自由が規制されているので，続けて「業務独占」と表現されているわけです。判例は，「登記制度が国民の権利義務等社会生活上の利益に重大な影響を及ぼすものであることなどにかんがみ，……司法書士……以外の者が，他人の嘱託を受けて，登記に関する手続について代理する業務及び登記申請書類を作成する業務を行うことを禁止し，これに違反した者を処罰することにしたものであって，右規制が公共の福祉に合致した合理的なもので憲法22条1項に違反するものでない」としています（司法書士法違反事件　最判平12.2.8）。したがって，❷は正しいです。

この検討が終わったら，　解法の鉄則その4　の②に示したように，職業選択の自由に対する規制について，目的二分論の考え方をみていきます。

目的二分論とは，規制目的を消極目的規制と積極目的規制に二分したうえで，6-3にまとめたとおり，それぞれ厳格度の異なる審査基準を適用するというものです。

● 6-3　消極目的規制と積極目的規制

消極目的規制	主として国民の生命や健康に対する危険を防止したり除去したり，あるいは緩和したりするためになされる規制のこと e.g.　身体に有害な薬から国民の生命や健康を守るために，薬局の開設に一定の規制をする場合
積極目的規制	福祉国家の理念に基づいて，経済の調和のとれた発展を確保し，特に社会的・経済的弱者を保護するためになされる規制のこと e.g.　零細な小売業（商店街の個人商店など）を保護するために，大規模な店舗（ショッピングモールなど）のオープンに対して規制をする場合

裁判所の審査能力や国会との役割分担を考慮して，消極目的規制については厳格な審査基準が妥当し，積極目的規制については緩やかな審査基準が妥当するものと考えられています。

以上のことを前提に，2つのリーディングケースを把握しておけば，知識面の基本が完成します。

◆リーディングケース①──薬局距離制限事件（最大判昭50.4.30）

　Xは，薬局開設をしようと思い，A県知事Yに対して許可申請を行いましたが，当時の薬事法とA県条例では，薬局を設置するにあたって距離制限があり（設置しようとする薬局が他の薬局と近すぎると設置許可を与えないとするこ

とができました），設置不許可の処分を受けました。そこで，Xは，この薬事法とA県条例が憲法22条1項に違反するとして，不許可処分の取消訴訟を提起しました。

「一般に許可制は，単なる職業活動の内容及び態様に対する規制を超えて，狭義における職業の選択の自由そのものに制約を課するもので，職業の自由に対する強力な制限であるから，その合憲性を肯定しうるためには，原則として，重要な公共の利益のために必要かつ合理的な措置であることを要し，また，それが社会政策ないしは経済政策上の積極的な目的のための措置ではなく，自由な職業活動が社会公共に対してもたらす弊害を防止するための消極的，警察的措置である場合には，許可制に比べて職業の自由に対するよりゆるやかな制限である職業活動の内容及び態様に対する規制によっては右の目的を十分に達成することができないと認められることを要するもの，というべきである。」

判例は，許可制の性質が職業の自由に対する強力な制限であることから，許可制をとることが重要な公共の利益のために必要かつ合理的措置でなければならないこと，さらに消極目的規制の場合には，許可制より緩やかな規制をとることでは，その目的を達成することができないと認められる必要があるとしています。

◆リーディングケース②── 小売市場距離制限事件（最大判昭47.11.22）

小売商の偏在による過当競争によって小売商の共倒れを防ぐために，小売商業調整特別措置法上は，小売市場間に距離制限を置くことが認められており，この距離制限に違反をしたYは，罰金を科せられることとなりました。そこで，Yが，当該措置法が憲法22条1項に反すると主張した事件です。

「憲法は，国の責務として積極的な社会経済政策の実施を予定しているものということができ，個人の経済活動の自由に関する限り，個人の精神的自由等に関する場合と異なって，右社会経済政策の実施の一手段として，これに一定の合理的規制措置を講ずることは，もともと，憲法が予定し，かつ，許容するところと解するのが相当であ……る。」

「個人の経済活動に対する法的規制措置については，立法府の政策的技術的な裁量に委ねるほかはなく，裁判所は，立法府の右裁量的判断を尊重するのを建前とし，ただ，立法府がその裁量権を逸脱し，当該法的規制措置が著しく不合理であることの明白である場合に限って，これを違憲として，その効力を否定することができるものと解するのが相当である。」

この判例は，積極目的規制が違憲かどうかについては，非常に緩やかな審査基準を用いて判断しています。立法府の裁量的判断を尊重することを前提として，立法府が裁量権を逸脱して，規制することが著しく不合理であることが明

白である場合に限り，違憲とするのですが，国会内で審議をしますし，また，専門家である法学者や官僚が立法にもかかわってきますので，裁量権を逸脱して，法的規制措置が著しく不合理であることが明白なんて，通常は考えられませんよね。したがって，積極目的規制の場合には，ほとんど合憲になるものと考えられます。

職業選択の自由に関しては，ここまでを理解するだけでも大変でしょうが，出題頻度が高いので正確に把握しておくようにしておいてください。

次の **設問15** は，ほとんどの受験生が解答できませんでした。

設問15

　個人の経済活動に対する法的規制は，個人の自由な経済活動からもたらされる諸々の弊害が社会公共の安全と秩序の維持の見地から看過することができないような場合に，消極的に，かような弊害を除去ないし緩和するために必要かつ合理的な規制である限りにおいてのみ許されるべきである。

（H 26 − 4 − 5 改）

　先ほどまでの説明のとおり，経済活動に対する規制目的には，消極目的と積極目的がありました。それにもかかわらず，**本問は，**「消極的……である限りにおいてのみ許される」としており，積極目的のことを完全に無視しています。したがって，本問は誤りです。かなり難しいひっかけ問題です。今までの説明を前提に，このような問題も正解できるようにしておきましょう。

　ここまでが基本の話です。実は，これを基本として，判例には少しイレギュラーなものがいくつか存在します。どの判例が，どのようにイレギュラーなのか。この点を把握しておくと，問題が解きやすくなります。それでは，問題を使いながら検討していきましょう。

設問16

　酒類販売業について免許制とすることを定めた酒税法の規定は，酒類販売業者には経済的基盤の弱い中小事業者が多いことに照らし，酒類販売業者を相互間の過当競争による共倒れから保護するという積極目的の規制であり，当該規制の目的に合理性が認められ，その手段・態様も著しく不合理であることが明白であるとは認められないから，違憲ではない。

（司法H 31 − 7 − ウ）

「酒類販売」という部分にまずは反応しましょう。酒類販売免許に関する判例
は，①積極目的・消極目的のいずれの規制であるかを言及しなかったこと，②著
しく不合理であることが「明白」でない限りとしなかったことが解答のポイント
です。

判例は，「租税の適正かつ確実な賦課徴収を図るという国家の財政目的のため
の職業の許可制による規制については，その必要性と合理性についての立法府の
判断が，右の政策的，技術的な裁量の範囲を逸脱するもので，著しく不合理なも
のでない限り，これを憲法22条１項の規定に違反するものということはできな
い」としました（酒類販売免許制事件　最判平4.12.15）。目的の認定は，「租税
の適正かつ確実な賦課徴収を図るという国家の財政目的」としており，いずれの
目的であるかについて言及していません。また，「著しく不合理なものでない限
り」としており，小売市場距離制限事件のように，「著しく不合理であることが
明白」としていません。

したがって，本問は，「積極目的」と認定している点，「明白」という文言を入
れてしまっている点が誤りです。

設問17

　公衆浴場を開業する場合の適正配置規制について，判例は一貫して積極目的
の規制であり，健全で安定した浴場経営による国民の保健福祉の維持をするた
めに必要な規制であることから，合憲としている。　　　　　（H 21 - 4 - エ改）

公衆浴場については，時代の変遷とともに，その規制目的も移行していると考
えられています。なぜなら，昔は自家用風呂を持たない世帯が多く，公衆浴場は
国民の公衆衛生の見地から必要な施設であると考えられていました。したがっ
て，公衆浴場経営に対する国の規制は，消極目的規制とされていました。しか
し，時代の変遷とともに，自家用風呂を持つ世帯が増加したため，公衆浴場は国
民の公衆衛生に必要な施設ではなくなっていきました。その結果，公衆浴場経営
に関する国の規制は，積極目的規制とされるようになりました。これが，公衆浴
場に関する判例の特徴です。

判例は，当初は公衆浴場の拒離制限の目的を「国民保健及び環境衛生を保持す
る上から防止するため」という消極目的であると認定し（最大判昭30.1.26），
その後，「公衆浴場業者が経営の困難から廃業や転業をすることを防止し，健全
で安定した経営を行えるように種々の立法上の手段をとり，国民の保健福祉を維
持すること」という積極目的であると認定しています（最判平元.1.20）。さら

に，当該規制については，消極的・警察的規制目的と積極的・政策的規制目的とを併有することを理由として，合理性の基準により合憲とする判例もあります（最判平元.3.7）。したがって，本問は誤りです。

　以上，酒類販売と公衆浴場の特殊性を押さえておきましょう。

⑤ 社会権

解法の
鉄則
その5

① **生存権の法的性格を押さえる**
　→　**3つの出題パターンに備える**
② **教育を受ける権利の法的性格を押さえる**
　→　**教育を受ける権利の主たる内容は何かを考える**
　→　**教育権の決定の所在はどこにあるかを考える**

　最後に，社会権を検討しておきましょう。

　まずは，生存権です。この権利は，主に3つの出題パターンがありますので，その点を押さえておけば足りるでしょう。

　それでは，その出題ポイントを，判例を読みながらつかんでいきましょう。判例の事案では，昭和31年当時の生活扶助費月額600円が健康で文化的な最低限度の生活水準を維持するに足りるかどうかが争われました（朝日訴訟　最大判昭42.5.24）。

　まず，1つ目の出題ポイントは，生存権の規定（25条1項）に基づき，公権力に対して，直接何らかの給付請求をすることができるか否かです。判例は，同条は「すべての国民が健康で文化的な最低限度の生活を営み得るように国政を運営すべきことを国の責務として宣言したにとどまり，直接個々の国民に具体的権利を賦与したものではない。具体的権利としては，憲法の規定の趣旨を実現するために制定された生活保護法によって，はじめて与えられているというべきである」としています。**25条1項に基づいて，直接請求をすることはできない**ということをポイントとして押さえておきましょう。

　2つ目の出題ポイントは，裁判所が審査をすることができるか否かです。判例は，「何が健康で文化的な最低限度の生活であるかの認定判断は，一応，厚生大臣（当時）の合目的的な裁量に委されており，その判断は，当不当の問題として政府の政治責任が問われることはあっても，直ちに違法の問題を生ずることはない」としています。**原則として，裁判所の司法審査に服さない**ということですね。

　それでは，裁判所は，絶対に司法審査をすることができないのでしょうか。これが３つ目のポイントです。判例は，「ただ，現実の生活条件を無視して著しく低い基準を設定する等憲法及び生活保護法の趣旨・目的に反し，法律によって与えられた裁量権の限界を超えた場合，又は裁量権を濫用した場合には，違法な行為として司法審査の対象になることを免れない」としています。行政法で学習する裁量権の逸脱・濫用の問題であるということです。

　これらのポイントを前提に，過去問を読んでいきましょう。

設問18

　生活保護の支給額が，「最低限度の生活」を下回ることが明らかであるような場合には，特別な救済措置として，裁判所に対する直接的な金銭の給付の請求が許容される余地があると解するべきである。　　　　　　　　（H30 - 5 - 5）

　「特別な救済措置」といわれると，ミスリードされてしまいそうですが，先ほどのポイントのとおり，「直接的な金銭の給付の請求」をすることはできませんので，当該請求が認容される余地はありません。したがって，本問は誤りです。

設問19

❶▶ 憲法25条の規定の趣旨にこたえて具体的にどのような立法措置を講じるかの選択決定は，立法府の広い裁量にゆだねられている。　　（H20 - 4 - 1）

　判例は，本問と同様に生存権の問題を，裁量問題として捉えています（堀木訴訟　最大判昭57.7.7）。したがって，本問は正しいです。

❷▶ 憲法が保障する「健康で文化的な最低限度の生活」を営む権利のうち，「最低限度の生活」はある程度明確に確定できるが，「健康で文化的な生活」は抽象度の高い概念であり，その具体化に当たっては立法府・行政府の広い裁量が認められる。　　　　　　　　　　　　　　　　　　（H30 - 5 - 1）

　これはひっかけ問題です。「最低限度の生活」，「健康で文化的な生活」，いずれも抽象度が高い概念であるからこそ，裁量の問題になるわけです。したがって，本問は前段が誤りです。

設問20

　行政府が，現実の生活条件を無視して著しく低い基準を設定する等，憲法および生活保護法の趣旨・目的に反し，法律によって与えられた裁量権の限界を越えた場合または裁量権を濫用した場合には，違法な行為として司法審査の対象となり得る。　　　　　　　　　　　　　　　　　　　　（H30-5-2）

　本問は，裁量の逸脱・濫用があった場合には，裁判所の司法審査の対象となる旨を述べています。したがって，本問は正しいです。

　次に，教育を受ける権利です。この権利も出題されるポイントは限定されていますから，効率よく知識を押さえていくようにしましょう。

設問21

　憲法が保障する教育を受ける権利の背後には，子どもは，その学習要求を充足するための教育を施すことを，大人一般に対して要求する権利を有する，との観念がある。　　　　　　　　　　　　　　　　　　　　　　　（H29-3-5）

　本問は，教育を受ける権利の主たる内容を聞いています。判例は，26条の背後には「国民各自が，一個の人間として，また，一市民として，成長，発達し，自己の人格を完成，実現するために必要な学習をする固有の権利を有すること，特に，みずから学習することのできない子どもは，その学習要求を充足するための教育を自己に施すことを大人一般に対して要求する権利を有するとの観念が存在している」としており，「特に」，子どもの学習権の保障について言及しています（旭川学力テスト事件　最大判昭51.5.21）。したがって，本問は正しいです。この点はよく問われる内容なので，しっかりと押さえておきましょう。

　上記のことを考えたら，次に，実際の教育内容の決定権を検討していきます。

設問22

　国は，子ども自身の利益のため，あるいは子どもの成長に対する社会公共の利益と関心にこたえるために，必要かつ相当な範囲で教育の内容について決定する権能を有する。　　　　　　　　　　　　　　　　　　　　　（H20-4-2）

　このような問題に対しては，「誰が」，「どのような教育内容を決定」することができるのか。この点を整理しておくことが重要です。

この点は，次の6-4のように整理しておくとよいでしょう。

● 6-4　教育権の決定の所在

親	主として家庭教育等学校外における教育や学校選択の自由
教師	限られた一定の範囲において肯定
国	必要かつ相当と認められる範囲において，教育内容についてもこれを決定する権能を有する

　本問では，国にどのような権能があるのかが問われています。上記の表から考えれば，本問は正しいと判断することができます。

総合問題に 挑戦

> 問題　次の文章は，職業選択の自由に対する規制の合憲性判断の手法についての文章である。（　　）の中に適切な語句を挿入して文章を完成させた場合に，（ ① ）から（ ③ ）までに入る語句の組合せとして最も適切なものは，後記1から5までのうち，どれか。
>
> 　職業選択の自由に対する規制については，国民の生命・健康に対する危険を防止又は除去若しくは緩和するための（　　）目的規制と社会公共の便宜を促進し社会的・経済的弱者を保護するための（　　）目的規制に区別し，（ ① ）目的規制の場合には（　　）目的規制の場合よりも規制立法の合憲性を厳格に審査すべきであるとの考え方がある。
> 　この考え方に対しては，例えば，（　　）目的規制と（　　）目的規制の両面の要素を有する場合があることや，公衆浴場の適正配置規制に関する判例のように従来は（ ② ）目的規制と捉えられたものが事情の変化によって（　　）目的規制と解されるようになる場合があることなど，（　　）目的規制か（　　）目的規制かの区別は相対的であるとの指摘があるほか，判例の中にも，酒類販売業の免許制について，（　　）目的規制か（　　）目的規制かを明らかにすることなく，租税の適正かつ確実な賦課徴収を図るという財政目的による規制であるとした上，（ ③ ）ものがある。

1 ①積極
 ②積極
 ③その必要性と合理性についての立法府の判断が著しく不合理でな
 いかの検討が必要であるとした

2 ①積極
 ②積極
 ③より緩やかな規制手段で同じ目的を達成することができるかの検
 討が必要であるとした

3 ①消極
 ②積極
 ③より緩やかな規制手段で同じ目的を達成することができるかの検
 討が必要であるとした

4 ①消極
 ②消極
 ③その必要性と合理性についての立法府の判断が著しく不合理でな
 いかの検討が必要であるとした

5 ①消極
 ②消極
 ③より緩やかな規制手段で同じ目的を達成することができるかの検
 討が必要であるとした

(司書 H 29 - 1)

　設問の（　　）の中に適切な語句を挿入して文章を完成させると，次のように
なる。

　「職業選択の自由に対する規制については，国民の生命・健康に対する危険を
防止又は除去若しくは緩和するための（消極）目的規制と社会公共の便宜を促進
し社会的・経済的弱者を保護するための（積極）目的規制に区別し，（①消極）
目的規制の場合には（積極）目的規制の場合よりも規制立法の合憲性を厳格に審
査すべきであるとの考え方がある。
　この考え方に対しては，例えば（消極〔積極〕）目的規制と（積極〔消極〕）目
的規制の両面の要素を有する場合があることや，公衆浴場の適正配置規制に関す
る判例（最判平元.1.20）のように従来は（②消極）目的規制と捉えられたものが
事情の変化によって，（積極）目的規制と解されるようになる場合があることな
ど，（消極〔積極〕）目的規制か（積極〔消極〕）目的規制かの区別は相対的であ
るとの指摘があるほか，判例の中にも，酒類販売業の免許制について，（消極
〔積極〕）目的規制か（積極〔消極〕）目的規制かを明らかにすることなく，租税
の適正かつ確実な賦課徴収を図るという財政目的による規制であるとした上，
（③その必要性と合理性についての立法府の判断が著しく不合理でないかの検討
が必要であるとした）ものがある」（酒類販売免許制事件　最判平4.12.15）。

　以上により，正解は4となる。

到達度チェック ▶▶▶

+α スキルアップ

■ 憲法判例を読み解くヒント

1 合憲性を判断する手順

憲法は判例がとても重要ですが，長くて読むのが大変だと感じていませんか。判例は，ある視点を持って読むと，ポイントがぐっと押さえやすくなります。

ここでは，人権の制約が問題となっている場合の，合憲性の判断の枠組み（判断方法や手順）について考えてみます。これを頭に入れておくと，判例を読む際に，一定の視点を持つことができるでしょう。

ある人権が制約されていると思われるとき，それが合憲か違憲かの判断はどのように行われるのでしょうか。

解法の手法として，三段階審査というものがあります。これは，①保障の有無，②制約の有無，③制約の正当性の有無の三段階に分けて合憲性を判断するものです。

三段階審査
① 保障の有無
② 制約の有無
③ 制約の正当性の有無

Step1

まず，制約されている人権が憲法で保障されている人権であるかどうかを検討する必要があります。なぜなら，制約されている人権が憲法で保障されていない場合は，そもそも憲法の保障範囲外となり合憲となるからです。

例えば，通り魔殺人を犯し刑罰を科されたＸがこれに納得いかないとして，自己に刑罰を科すのは違憲であると主張する場合を考えてみましょう。

このような場合においては，そもそも人を殺す自由が憲法上保障されていない以上，憲法の保障範囲外となります。

したがって，上記の違憲主張は認められません。

Step2

　仮に問題となる人権が憲法の保障範囲内であるとなった場合には，次にかかる人権が制約されているかを検討します。

　例えば，宗教上の理由から高校の体育の剣道実技授業に参加できないYについて，信教の自由に対する制約があるといえるでしょうか。

　Yは，体育の授業に出席しない等，拒否しようと思えばこれを拒否できるのだから信教の自由に対する制約がないとも思えます。

　しかし，剣道実技授業が必修科目であり，必修科目を履修できないと原級留置処分となり，この原級留置処分が2回続くと退学処分という重い不利益が課されることになっていた場合はどうでしょうか。

　この場合には，Yは，剣道実技授業に参加するという信仰に反する行為をするか，退学処分という重い不利益を甘受するかの二者択一を迫られることになります。

　すなわち，このような重大な不利益を避けるためには，信仰に反する行動を余儀なくされるのです。

　したがって，信教の自由に対する制約はあるといえます。

Step3

　最後に，制約が認められた場合に，この制約が正当化されるかを検討します。

　ここで登場するのが，違憲審査基準です。

　権利の重要性と規制態様の強さを考慮して，厳しい審査基準にするのか，それとも緩やかな審査基準にするのかを決めていきます。

　権利が重要で規制態様も強い場合は厳しい審査基準を立てます。厳しい審査基準を立てた場合には，人権の規制目的及び手段が規制目的達成にかなうかが厳格に判断されるため，違憲と判断されやすくなります。

　その一方で，問題になっている人権の重要性が低く，その人権への規制態様も弱い場合には審査基準が緩やかになります。緩やかな審査

基準をとった場合には，人権の規制目的，手段が緩やかに判断される以上，合憲と判断されやすくなるといえます。

違憲審査基準

　　憲法上，その権利に対する制約が許されるかどうかを

| 権利の重要性 | 大 | 厳しい基準で審査 |
| 制約の態様 | 強 | ➡ 違憲（許されない）とする結論になりやすい |

| 権利の重要性 | 小 | 緩やかな基準で審査 |
| 制約の態様 | 弱 | ➡ 合憲（許される）とする結論になりやすい |

規制の態様の強弱について，公共の場における集会の開催に対する規制を例に考えてみます。
　①そのような集会の開催そのものを禁止する場合
　②集会の開催は認めるが，開催する時間や場所に少し制限を設ける場合
①と②を比べると，①のほうが②より強い規制の態様であるといえますね。

　以上が，人権の制約があったと考えられるときに，その制約が合憲か違憲かを判断する手順の１つです。
　行政書士試験において，上記の知識を直接活用できる場面は少ないかもしれません。ですが，判例を読むときに，保障の有無の話をしているのか，制約の有無の話をしているのかを少し意識してみると，より一層理解が深まるかもしれません。

2　制約の有無が争点となる場合

　三段階審査では，①の保障の有無と③の制約の正当性の有無ばかりに目がいってしまいがちですが，②の制約の有無が争点となることも

しばしばあるため，注意が必要です。

　制約は，制約有り，制約無しの2種類のみだと思っていませんか。

　実は，制約有りの中にはさらに，直接的制約と間接的制約がありま
す。

　例えば，「君が代」起立斉唱の職務命令（最判平23.5.30）において
判例は，「国家斉唱の際の起立斉唱行為は，一般的，客観的に見て，
これらの式典における慣例上の儀礼的な所作としての性質を有するも
のであり，かつ，そのような所作として外部からも認識されるものと
いうべきである。」から，個人の思想及び良心の自由を直ちに制約す
るものでない，として直接的制約は否定しています。

　しかし，「起立斉唱行為は……一般的，客観的に見ても，国旗及び
国歌に対する敬意の表明の要素をも含む行為である」から，日の丸や
君が代に対して「敬意を表明することには応じ難いと考える者」にと
っては個人の歴史観，世界観とは異なる外部的行為を求められること
になり，その限りにおいて思想及び良心の自由に対する間接的制約に
なるとして，間接的制約は認めています。

　直接的制約，間接的制約の区別の実益は，違憲審査基準を決める際
にあらわれます。直接的制約に比して間接的制約は規制態様が弱いた
め，違憲審査基準は緩やかになりやすいのです。

　もちろん，制約それ自体がないとされた事例もあります。

　ピアノ伴奏拒否事件（最判平19.2.27）において判例は，君が代の
「ピアノ伴奏をするという行為自体は，音楽専科の教諭等にとって通
常想定され期待されるものであって，上記伴奏を行う教諭等が特定の
思想を有するということを外部に表明する行為であると評価すること
は困難なもの」であるとして，直接的制約・間接的制約ともに認めら
れませんでした。

　判例を読むときには，制約有りとされているのか，それとも無しと
されているのか，有りとされているとしても直接的制約なのか間接的
制約なのかに着目してみると，面白いかもしれません。

7. 統治機構

➡ 総合テキスト **Chapter 8・9・10・11**, 総合問題集 **Chapter 8・9・10** **1**

> ━━━━━━━━━ イントロダクション ━━━━━━━━━
> ‥‥‥‥‥‥‥‥‥‥‥‥‥‥‥‥‥‥‥‥‥‥‥‥‥‥‥‥‥‥‥‥‥
>
> 　統治機構では，基本的に記憶することが重要です。細かいひっかけ問題
> も多く出題されるため，行政手続法等と同様の対策が有効なテーマでもあ
> ります。もっとも，統治機構では記憶することだけでは対処できない重要な
> 概念・判例がいくつかあります。ここをどのようにフォローしていくかも必要
> になります。
> 　本章では，条文を記憶しておくことがどの程度要求されるのか，また，ど
> のようなひっかけがあるのか，さらに，重要概念・判例に言及していきます。

1 条文知識

**解法の
鉄則
その1**

① 　条文を正確に記憶することに努める
② 　本試験のひっかけポイントを把握しながら，今
　　後の問題を想定する

　統治機構は，とにかく条文知識が生命線です。基本的な学習方針は，行政手続
法と同様であり，ひっかけポイントの把握をしっかりしていくことが重要である
といえます。それでは，以下，過去問を紹介しながら，どのようなところに着眼
点を置いていけばいいのかを学習していきます。
　まずは，誰が（どの機関が），どのような権能を有しているのかを把握するこ
とが重要です。本試験では，天皇・国会・議院・内閣・内閣総理大臣辺りがよく
出題されているため，この点を記憶のポイントにしていきましょう。

設問1

　次のア～オの記述のうち，憲法上，天皇の国事行為として認められていない
ものはいくつあるか。

ア　内閣総理大臣の指名
イ　憲法改正，法律，政令及び条約の裁可

ウ　国務大臣の任免
エ　大赦，特赦，減刑，刑の執行の免除及び復権の決定
オ　衆議院の解散

（H 18 − 4）

　まずは，個別的な問題です。天皇の国事行為のように単体のものを聞いてくる
場合，かなり厳しく問われるため，本問をとおして，正確な記憶のレベルを体感
してみてください。

● 7-1　天皇の国事行為

① 憲法改正，法律，政令及び条約を公布すること
② 国会を召集すること
③ 衆議院を解散すること
④ 国会議員の総選挙の施行を公示すること
⑤ 国務大臣及び法律の定めるその他の官吏の任免並びに全権委任状及び大使
　及び公使の信任状を認証すること
⑥ 大赦，特赦，減刑，刑の執行の免除及び復権を認証すること
⑦ 栄典を授与すること
⑧ 批准書及び法律の定めるその他の外交文書を認証すること
⑨ 外国の大使及び公使を接受すること
⑩ 儀式を行うこと

　7-1にある10個の行為は，7条各号で，天皇の国事行為として定められてい
ます。**設問1** のうち，天皇の国事行為として認められないものは，ア，イ，
ウ，エの4つということになります。細部の点まで正確に記憶できているかが求
められていることがわかる問題です。次の **設問2** のような発展的な問題にな
ると，他の機関等と比較させる問題も出題されます。

設問2
　次のア〜オのうち，議院の権能として正しいものはいくつあるか。

ア　会期の決定
イ　議員の資格争訟
ウ　裁判官の弾劾
エ　議院規則の制定
オ　国政に関する調査

（H 25 − 6）

問題文の中には，国会の権能も含まれており，両者の権能が似ていることもあり難易度はかなり高いものといえるでしょう。しかし，このような問題が出題されている以上，しっかりと整理して記憶すべきでしょう。議院の権能は，イ，エ，オの3つで，他は国会の権能です。

なお，「会期の決定」は憲法ではなく，国会法の規定（国会法10条から12条まで参照）です。そのため，細かい知識を問う問題でした。国会法上，会期の決定は国会の権能とされています。他のものについては，7-2のように整理しておくとよいでしょう。

● 7-2　国会の権能と議院の権能の比較

国会の権能	議院の権能
① 憲法改正の発議（96条1項） ② 法律の議決（59条） ③ 条約の承認（73条3号，61条） ④ 内閣総理大臣の指名 　（6条1項，67条1項前段） ⑤ 内閣の報告を受ける権能 　（72条，91条） ⑥ 弾劾裁判所の設置（64条1項） ⑦ 財政の統制（第7章等） ⑧ 皇室財産の授受の決議（8条） ⑨ 予算の議決（86条，60条）	① 会期前に逮捕された議員の釈放要求権（50条） ② 議員の資格争訟の裁判権（55条） ③ 役員選任権（58条1項） ④ 議院規則制定権・議員懲罰権 　（58条2項） ⑤ 国政調査権（62条） ⑥ 請願の受理・議決（国会法79条等） ⑦ 秘密会（57条1項但書） ⑧ 国務大臣の出席要求（63条）

次に，条文の内容自体は合っているものの，その主体が異なるというひっかけを紹介します。過去問題では，国会議員，国務大臣，裁判官の規定を混ぜて聞いてくる問題が多いです。

設問3

両議院の議員は，すべて定期に相当額の報酬を受ける。この報酬は，在任中，これを減額することができない。

(H24-4-3)

設問3 の前段は，49条の規定に照らせば正しいようにも思えます。しかし，国会議員の報酬は，在任中減額することはできない旨の規定はありません。したがって，本問は誤りです。

なお，79条6項では，「最高裁所の裁判官は，すべて定期に相当額の報酬を受ける。この報酬は，在任中，これを減額することができない。」旨の規定があり，80条2項では，「下級裁判所の裁判官は，すべて定期に相当額の報酬を受

ける。この報酬は，在任中，これを減額することができない。」旨の規定があります。本問は，「裁判官」という主体を，「国会議員」にすり替えて出題しているわけです。

設問4
　国務大臣は，裁判により，心身の故障のために職務を執ることができないと決定された場合を除いては，問責決議によらなければ罷免されない。
(H 24 - 4 - 5)

　今度も，主体のすり替え問題です。78条前段では，「裁判官は，裁判により，心身の故障のために職務を執ることができないと決定された場合を除いては，公の弾劾によらなければ罷免されない。」旨の規定があります。本問はその主体を国務大臣にすり替えたうえで，「公の弾劾」を「問責決議」に変更しており，国務大臣に適合するような形で条文がアレンジされています。したがって，本問は誤りです。

設問5
　国務大臣は，議院で行った演説，討論又は表決について，院外で責任を問われない。
(H 24 - 4 - 4)

　本問も憲法の条文にありそうですが，正しくは「両議院の議員は，議院で行つた演説，討論又は表決について，院外で責任を問はれない。」です（51条）。国会議員を国務大臣へとすり替えているわけです。本問は誤りです。

設問6
　内閣の円滑な職務遂行を保障するために，憲法は明文で，国務大臣はその在任中逮捕されず，また在任中は内閣総理大臣の同意がなければ訴追されない，と規定した。
(H 29 - 5 - 3)

　本問は，国会議員に関する規定と国務大臣に関する規定を文字通りミックスしています。このような問題は，読んだことがあるなという既視感が強くなるため，注意が必要です。
　50条では，「両議院の議員は，法律の定める場合を除いては，国会の会期中逮捕されず，会期前に逮捕された議員は，その議院の要求があれば，会期中これ

を釈放しなければならない。」と規定されています。また，75条では，「国務大臣は，その在任中，内閣総理大臣の同意がなければ，訴追されない。但し，これがため，訴追の権利は，害されない。」と規定されています。本問は，この2つの条文を綺麗に混ぜています。

したがって，本問は誤りです。このような出題手法があることを把握しておけば，普段の条文の記憶の仕方もわかってくるはずです。

さらに，国会議員については，衆議院と参議院の相違点も把握しておく必要があります。

設問7

内閣総理大臣は，衆議院議員の中から，国会の議決で指名する。

(H 26 - 6 - 1)

内閣総理大臣は，「国会議員の中」から，国会の議決で指名されます（67条1項前段）。したがって，本問は誤りです。

設問8

内閣の存立は衆議院の信任に依存するので，内閣は行政権の行使について，参議院に対しては連帯責任を負わない。 (H 29 - 5 - 5)

内閣は，行政権の行使について，国会に対し連帯して責任を負います（66条3項）。議院内閣制の概念における議会については，衆議院や参議院で分けているわけではありません。したがって，本問は誤りです。

なお，行政手続法と同様，憲法においても，いわゆる架空条文問題が登場します。しかも，行政手続法よりもやや厄介な一面があります。次の問題を読んでみてください。

設問9

憲法は明文で，閣議により内閣が職務を行うべきことを定めているが，閣議の意思決定方法については規定しておらず，慣例により全員一致で閣議決定が行われてきた。 (H 29 - 5 - 2)

本問のような規定は，憲法には存在しません。したがって，本問は誤りです。閣議により内閣が職務を行うべきことを定めているのは内閣法です。これが憲法

の厄介なところで，憲法には規定はないが，国会法や内閣法には定めがある。現実に存在する規定であるため，誤りであると認識ししにくいのです。このような問題が出題される以上，憲法の統治機構の条文に関しては，絞り込まず，すべての条文を読みこんでいく必要があるでしょう。

設問10

　憲法は明文で，内閣は，法律案を作成し，国会に提出して，その審議を受け議決を経なければならないと規定している。　　　　　　　（H 28 - 5 - 2改）

　こちらも，憲法上に規定がありません。したがって，本問は誤りです。内閣が法律案を作成し，国会に提出することは，国会単独立法との関係で議論することがあるため，通常，どのようなテキストでも掲載されています。そのため，憲法上に規定が"ない"と言い切るためには，やはり，全条文を丹念に読んでいくしかありません。

　以上が統治機構における典型的なひっかけのポイントでした。これらのことを前提に条文をしっかりと読み込み，記憶の精度を上げていきましょう。

② 重要概念・判例

> **解法の鉄則その2**
> ①　条文の趣旨から文言を解釈しておく
> ②　判例のキーワードを押さえる

　ここでは，統治機構の中でも，重要な概念や判例について学習しておくべきものを取り扱っておきます。いずれも，基本的な考え方をマスターしておけば本試験に十分対応できますから，以下から得た知識を前提に試験にトライしてみてください。

（1）代表の意義

　43条1項の「代表」の意義には争いがあります。この点については，歴史的背景から理解をしておくことが必要です。

　まず，近代以前の身分制議会において，代表者たる議員は，それぞれの選出母体の意思に法的に拘束されると考えられていました。例えば，国民・貴族というような身分があり，この身分の意思に法的に拘束されるものと考えられていたわけです。このような考え方を**命令委任**といいます。

これに対して，近代市民革命後は，近代以前のような命令委任は禁止され，代表者は選出母体の意思に法的に拘束されないという<u>自由委任</u>の考え方が採用されるに至りました。これが現在の日本国憲法における「代表」のベースの考え方となります。

設問11

　憲法43条1項の「全国民の代表」とは，近代の国民代表議会の成立に伴い，国民とその代表者との政治的意思の一致を法的に確保する目的で，命令委任の制度とともに導入されたものである。　　　　　　　　　　（H23－6－2改）

　前述のとおり，43条1項の「代表」は，命令委任の制度として導入されたものではありません。したがって，本問は誤りです。

設問12

　議員は議会で自己の信念のみに基づいて発言・表決すべきであり，選挙区など特定の選出母体の訓令に法的に拘束されない，との原則は，自由委任の原則と呼ばれる。　　　　　　　　　　　　　　　　　　　（H23－6－4改）

　問題文のとおりです。代表の意義については，命令委任，自由委任の相違をしっかりと押さえておくようにしてください。

（2）「唯一」の意義

　「唯一の」立法機関とは，具体的には，①国会中心立法の原則，②国会単独立法の原則のことを指します。
　まず，<mark>国会中心立法の原則とは，国の行う立法は，国会によってなされなくてはならない</mark>ということです。これは，立法ができるのは<mark>国会だけ</mark>なのだ，という原則です。国会だけしか，立法はできない。ですから，他の機関，例えば裁判所とか内閣が立法をすることはできないのです。「今度の行政手続を実行するためには，こんなルールがほしいんだよな。よし，国会には悪いけど，勝手に作ってしまえ」というように，内閣が勝手に自分の便宜で立法をすることは原則としてできません。このことを国会中心立法の原則といいます。
　次に，<mark>国会単独立法の原則は，立法の成立過程に国会以外が関与してはいけない</mark>，という原則のことです。例えば，「ちょっと国会さん，私たちの行動に何か制限を加えたいなら，ちゃんと私たちの意見を聞いてくださいね。それがなけれ

ば，私たちの行動を規制するような法律を作ることは認められないよ」ということは原則として言えないということです。国会が法律を作る際，原則として国会だけで成立させることができるのです。立法は，国会の中で完結するものであり，それに他の機関の関与を許さないのです。

● 7-3　「唯一」の意義

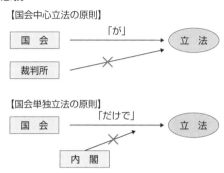

【国会中心立法の原則】

国　会　―「が」→　立　法

裁判所　―×→

【国会単独立法の原則】

国　会　―「だけで」→　立　法

内　閣　―×→

　これらはあくまでも原則であり，例外があり得ます。この点が出題のポイントですので，問題を使いながら解き方を把握していきましょう。

設問13

　内閣が条約を締結するとされていることは，もともと憲法第41条とは無関係だともいえるが，国会中心立法の例外と解釈する余地もある。

（旧司法H 15 − 3 − ア改）

　条約の締結に内閣がかかわっており，国会だけで成立させることができない（国会は条約の承認が権限でしたね）と考えれば，国会単独立法の例外と解釈する余地もあるということです。したがって，本問は誤りです。

設問14

　憲法改正について，国民投票の制度が設けられていることは，もともと憲法第41条とは無関係だともいえるが，国会単独立法の原則の例外と解釈する余地もある。　　　　　　　　　　　　（旧司法H 15 − 3 − オ改）

　これも，憲法改正は国会の議決だけでは成立させられず，国民投票という手続を経なければならないということですから，国会単独立法の原則の例外と解釈す

る余地があるということです。

　したがって，本問は正しいです。

　　地方公共団体が条例制定権を有するとされていることは，もともと憲法第41
条とは無関係だともいえるが，国会単独立法の原則の例外と解釈する余地もあ
る。　　　　　　　　　　　　　　　　　　　　　　　　　　（旧司法Ｈ15－3－オ改）

　地方公共団体は，国会の関与なしに，地方公共団体のみで条例を制定すること
ができるということですから，国会中心立法の原則の例外と解釈する余地がある
ということです。

　したがって，本問は誤りです。

（3）司法権の範囲

　そもそも，裁判所が行使する**司法権とは**，何でしょうか。これを難しく定義す
ると，**"具体的な争訟"について，法を適用し，宣言することによって，これを
裁定する国家の作用**である，となります。簡単にいえば，具体的な事件（例え
ば，殺人事件）について，具体的な法律（刑法199条の殺人罪）を適用し，具
体的に裁定（どの程度の刑罰を科すのか）する役割ですね。裁判所が実際の事件
において行っている裁判のことをいかにも難しく表現しているだけだ，と考えて
おけばよいでしょう。

　さて，この定義をもう少し見ていくと，要は，司法権は，「具体的な争訟」に
ついて裁定する権限あるいは権能のことです。

　ということは，この「具体的な争訟」が何を意味しているのかさえわかれば，
裁判所が司法権を行使できる場面がわかるはずです。ここで，「具体的な争訟」
とは，法律上の争訟のことをいい，**法律上の争訟とは，①当事者間の具体的な権
利義務ないし法律関係の存否に関する紛争**であって，かつ，**②それが法律を適用
することにより終局的に解決することができるもの**をいいます。これに該当しな
ければ，裁判所は司法権を行使できないことになり，逆にいえば，裁判所が司法
権を行使するためには，法律上の争訟に該当しないといけない，ということにな
ります。それでは，検討してみましょう。

　まず，当事者間の**具体的な権利義務に関する紛争**でなければいけません。次の
問題を読んでみてください。

設問16

　裁判所が現行の制度上与えられているのは司法権を行使する権限であり，司法権を行使するためには具体的な争訟事件が提起されることが必要となる。

（オリジナル）

　警察予備隊違憲訴訟を例に見てみましょう。これは，現在の自衛隊の前身である警察予備隊が違憲であるとして争った訴訟なのですが，特に当事者が被害を受けて（例えば，騒音で悩まされたとか暴行を受けたなど），その事件の中で「ほら見たことか。警察予備隊は私たちの生活に迷惑をかけている。だから，警察予備隊なんて違憲なんだ」とは言っていないわけです。このような場合，先ほど挙げた法律上の争訟の要件の①を満たさないということになるのです。つまり，何か具体的な権利義務や法律関係の存否が問題となったわけではないということです。判例も，「我が裁判所が現行の制度上与えられているのは司法権を行う権限であり，そして司法権が発動するためには具体的な争訟事件が提起されることを必要とする。我が裁判所は具体的な争訟事件が提起されないのに将来を予想して憲法及びその他の法律命令等の解釈に対し存在する疑義論争に関し抽象的な判断を下すごとき権限を行い得るものではない」としています（最大判昭27.10.8）。したがって，本問は正しいです。

　さらに，法律を適用して，終局的に解決できなければなりません。次の問題を読んでみてください。

設問17

　具体的な権利義務ないしは法律関係に関する紛争であっても，信仰対象の価値または教義に関する判断が前提問題となる場合には，法令の適用による解決には適さず，裁判所の審査は及ばない。（H27-6-1）

　信仰の対象の価値又は宗教上の教義に関する事項は，法律を適用することにより終局的に解決することができないと考えられています。有名なものとして，板まんだら事件があります。この事件では，創価学会の元会員であった原告が，創価学会に対して寄附金の返還を求めました。なぜ，寄附金を返せと言ったのかというと，そもそも寄附金募集は本尊「板まんだら」を安置するためであったのです。

　しかし，その「板まんだら」が本物であると思ったから寄附したのに，実は偽物だったというのです。確かに，寄附金を返せということですから，当事者間の

具体的な権利義務に関する紛争ではあるわけです。しかし,「板まんだら」が本物なのか,それとも偽物なのか,これは宗教上の教義の問題であり,法律をもって終局的に解決することが困難であるといわざるを得ません。この場合も先ほど挙げた法律上の争訟の要件の②を満たさないため,裁判所は,司法権を行使することはできません(最判昭56.4.7)。したがって,本問は,正しいです。

(4)司法権の限界

さて,司法権の範囲については終わりました。しかし,ここで問題がなければ,裁判所はきちんと判断を出すことができる,と安心してはいけません。次に,司法権の限界という問題があるのです。

司法権の限界とは,本来,司法権の範囲にありながら,ある事情があって,裁判所が司法権を行使できないことがあるという問題です。つまり,当事者間の具体的な争いではあるし,その争いに法律を適用すれば,まず間違いなく終局的に解決することも可能なのです。しかし,様々な事情により,「いや,このことについて,裁判所は口を出さないでもらいたいな」と言われてしまう場面があるというのです。

例えば,議員の資格争訟の裁判や弾劾裁判については,憲法上,裁判所以外の機関が裁判をすることが規定されています。議員の資格に問題があるかどうかは,その議院が判断するのが最も適切だということなのでしょう。また,特別の身分保障が与えられている裁判官の罷免については,公務員の選定罷免権を固有の権利として保持する国民の代表者で構成された国会と異なる特別の裁判所の公正な判断に委ねることが妥当であると考えられているからなのです。この辺りは,条文をきちんとチェックしておいてください。

第55条
　両議院は,各々その議員の資格に関する争訟を裁判する。但し,議員の議席を失はせるには,出席議員の3分の2以上の多数による議決を必要とする。

第64条1項
　国会は,罷免の訴追を受けた裁判官を裁判するため,両議院の議員で組織する弾劾裁判所を設ける。

他にも,裁判所があえて判断しないというものとして挙げられるのが統治行為

論です。統治行為とは，直接国家統治の基本に関する高度に政治性のある国家行為のことをいいます。

この点に関しては，衆議院の解散と条約の合憲性を対比して押さえておくことが重要です。次の問題を読んでみてください。

設問18

❶▶ 内閣による衆議院の解散は，高度の政治性を有する国家行為であるから，解散が憲法の明文規定に反して行われるなど，一見極めて明白に違憲無効と認められる場合を除き，司法審査は及ばないとするのが判例である。

(R 2 - 6 - 2)

これはひっかけ問題です。判例は，「衆議院の解散は，極めて政治性の高い国家統治の基本に関する行為であ」り，これについて「法律上の有効無効を審査することは司法裁判所の権限の外にありと解すべき」であるとしています（苫米地事件　最大判昭35.6.8）。つまり，本問のように，「一見極めて明白に違憲無効と認められる場合を除き」というような例外を付していないのです。したがって，本問は誤りです。なぜこのような問題が出題されたのかというと，次の判例との混乱を狙ったからです。

❷▶ 日米安全保障条約は，高度の政治性を有するものであるから，その内容の合憲性判断は，一見極めて明白に違憲無効と認められる場合を除き，司法審査は及ばないとするのが判例である。　　　　　　(R 2 - 6 - 2改)

判例は，日米安全保障条約は，「純司法的機能をその使命とする司法裁判所の審査には，原則としてなじまない性質のものであり，従つて，一見極めて明白に違憲無効であると認められない限り」は，裁判所の審査権が及ばないものとしています（砂川事件　最大判昭34.12.16）。したがって，本問は正しいです。統治行為については，上記の2つの判例を対比して押さえておくことが重要です。

なお，司法権の範囲と限界の議論の相違を理解しているかという観点からの問題も問われるため，次の❸のような問題にも注意をするようにしてください。

❸▶ 衆議院の解散は高度の政治性を伴う国家行為であって，その有効無効の判断は法的に不可能であるから，そもそも法律上の争訟の解決という司法権の埒外にあり，裁判所の審査は及ばない。　　　　　　(H 27 - 6 - 3)

❶❷の問題とよく似ていますが，衆議院の解散は，司法権の範囲に含まれるものの，その高度に政治性のある行為であることを理由に，裁判所があえて判断しない，つまり<u>司法権の限界</u>の問題です。本問は，法律上の争訟にあたらないという<u>司法権の範囲</u>の問題にしてしまっているため，誤りです。

　問題を解く際には，司法権の範囲と限界の議論をきちんと区別して解くようにしましょう。

　次に重要なのが，部分社会の法理に関する問題です。部分社会の法理とは，団体内部の紛争で，団体の自律的な判断を尊重すべき場合は，司法審査を控えるべきという考えのことです。

　この問題は，大学，政党，地方議会について横断的に整理するとともに，個別的な違いをきちんと把握しておかなければなりません。どのような点に気をつけて問題を読んでいけばいいのか，実際に解きながら確認していきましょう。

設問19

❶ ▶ 大学による単位授与行為（認定）は，純然たる大学内部の問題として大学の自律的判断にゆだねられるべきものであり，一般市民法秩序と直接の関係を有すると認めるにたる特段の事情がない限り，裁判所の審査は及ばない。

(H 27 - 6 - 2)

　これが部分社会の問題です。大学による単位授与行為は，大学内部の行為であるから，特段の事情のない限り，裁判所があえて審査すべきではないということになります（富山大学事件　最判昭52.3.15）。したがって，本問は正しいです。

❷ ▶ 国公立大学が専攻科修了の認定をしないことは，一般市民としての学生が国公立大学の利用を拒否することにほかならず，一般市民として有する公の施設を利用する権利を侵害するものであるから，専攻科修了の認定，不認定に関する争いは司法審査の対象となる。

(R 1 - 26 - エ)

　本問は，単位授与認定行為ではなく，専攻科修了の認定行為が争われています。これは，一般市民として有する公の施設を利用する権利を侵害するものであるとして，裁判所が審査するのに適しているものとされています（同判例）。したがって，本問は正しいです。このように，大学については，単位授与行為と専攻科修了の認定行為を比較して押さえておくようにしましょう。

　次に，政党について検討しましょう。

設問20

❶▶ 政党の結社としての自主性にかんがみれば，政党の内部的自律権に属する行為は，法律に特別の定めのない限り尊重すべきであり，政党が党員に対してした処分は，一般市民法秩序と直接の関係を有しない内部的な問題にとどまる限り，裁判所の審判は及ばない。　　　　　　　　　　（H19－5－3）

　判例は，「政党の結社としての自主性にかんがみると，政党の内部的自律権に属する行為は，法律に特別の定めがない限り尊重すべきであるから，政党が組織内の自立的運営として党員に対してした除名その他の処分の当否については，原則として自律的な解決に委ねるのを相当とし，したがって，政党が党員に対してした処分が一般市民法秩序と直接の関係を有しない内部的な問題にとどまる限り，裁判所の審判権は及ばない」としています（共産党袴田事件　最判昭63.12.20）。したがって，本問は正しいです。この問題文に変化を加えて，解答のポイントを探っていきましょう。

❷▶ 政党の結社としての自主性にかんがみれば，政党の内部的自律権に属する行為は，法律に特別の定めのない限り尊重すべきであり，政党が党員に対してした処分は，一般市民法秩序と直接の関係を有する場合でも，裁判所の審判は及ばない。　　　　　　　　　　（H19－5－3改）

　❶を改題しました。判例は，「処分が一般市民としての権利利益を侵害する場合であっても，右処分の当否は，当該政党の自律的に定めた規範が公序良俗に反するなどの特段の事情のない限り右規範に照らし，右規範を有しないときは条理に基づき，適正な手続に則ってされたか否かによって決すべきであり，その審理も右の点に限られる」としています（同判例）。審理の範囲に限定がかかるものの，一般市民としての権利利益を侵害する場合には，審査が及ぶ場合があるということです。したがって，本問は誤りです。

　政党については，「一般市民法秩序と直接の関係を有するか」という点が解答のポイントですので，注意して問題を解いていくようにしてください。

　最後に，地方議会です。

❸▶ 地方議会の自律権は，議院の自律権とは異なり法律上認められたものにすぎないので，裁判所は，除名に限らず，地方議会による議員への出席停止の懲罰について審査を行うことができる。　　　　　　　　　　（R1－3－4）

地方議会については，除名・出席停止の双方が問われる可能性があります。判例は，議院の除名処分は，議院の身分喪失に関する重大事項であり，単なる内部規律の問題に止まらないとして，司法審査の対象になるとしています（最大判昭35.10.19）。また，出席停止処分についても，議会の自律的な権能に基づいてされたものとして，議会に一定の裁量が認められるべきであるものの，裁判所は，常にその適否を判断することができるというべきとして，司法審査の対象になるとしています（地方議会議員出席停止処分取消等請求事件　最大判令2.11.25）。したがって，本問は，正しいです。

　さらに，❷を改題して，比較のポイントを探ってみましょう。

❹▶ 政党の結社としての自主性にかんがみれば，政党の内部的自律権に属する行為は，法律に特別の定めのない限り尊重すべきであり，政党が党員に対してした除名処分は，一般市民法秩序と直接の関係を有しない内部的な問題にとどまるから，裁判所の審判は及ばない。　　　　　　　（H19－5－3改）

　判例は，政党については，除名処分も含めて裁判所の司法審査が及ばないとしています（共産党袴田事件　最判昭63.12.20）。したがって，本問は正しいです。7-4のように地方議会のケースと対比しておけば，解法としては完璧です。

● 7-4　政党と地方議会の比較

	政　党	地方議会
出席停止	判例なし	司法審査が及ぶ
除　名	原則として，司法審査が及ばない	司法審査が及ぶ

3　新傾向問題

解法の
鉄則
その3

① 各規定の簡単な性質・趣旨を把握しておく
② 文章理解のように問題を解く

　令和2年度の行政書士本試験では，統治機構に関する問題で，今までにあまり見たことのないような形式のものがありました。ここでは，その点についての解法と対策を簡単にお伝えしておきます。

設問21

次の文章の下線部の趣旨に，最も適合しないものはどれか。

　議院が独立的機関であるならば，みずからの権能について，行使・不行使をみずから決定しえなければならない。議院の権能行使は，議院の自律に任せられるを要する。けれども，憲法典は，通常，議院が，このような自律権を有することを明文で規定しない，独立の地位をもつことの，当然の帰結だからである。これに比べれば制度上の意味の限定的な議員の不逮捕特権や免責特権がかえって憲法典に規定されるのは，それが，独立的機関の構成員とされることからする当然の帰結とは考ええないことによる。憲法典に規定されなくても，議院の自律権は，議院の存在理由を確保するために不可欠で，議員特権などより重い意味をもっている。

　しかし，日本国憲法典をじっくり味読するなら，<u>議院に自律権あることを前提とし，これあることを指示する規定がある</u>。

（出典　小嶋和司「憲法学講和」1982年から）

1　両議院は，各々その会議その他の手続及び内部の規律に関する規則を定めることができる。
2　両議院は，各々国政に関する調査を行い，これに関して，証人の出頭及び証言並びに記録の提出を要求することができる。
3　両議院は，各々その議長その他の役員を選任する。
4　両議院は，各々その議員の資格に関する争訟を裁判する。
5　両議院は，各々院内の秩序をみだした議員を懲罰することができる。

（R2-5）

　本問は，条文上の知識を問うものではなく，いわゆる自律権というものの趣旨に反するものはどれかということが問われています。

　この問題に対しては，問われている自律権の性質を簡単に捉えたうえで，仲間はずれを探していくようにするとよいでしょう。

　自律権の定義を正確に覚えていなかったとしても，**自分たちのことは自分たちで決められる権利**というイメージはあるでしょう。むしろ，普段の学習をする際に，このような簡単なイメージをつかみながら学習をしていくべきです。そうすると，選択肢1，3，4，5はいずれも両議院の内部事項に関して，自分たちで決定できたり，問題を解決したりするような内容が記述されていることに気づくでしょう。これに対して，選択肢2のみ，両議院が自分たち以外の「証人の出

頭」を要求することができるとする国政調査の議論を展開しています。したがって，選択肢2が自律権の趣旨と異なるのではないか。このように考えて，正解を2にもっていくわけです。

設問22

❶ ▶ 天皇の国事行為は本来，厳密に形式的儀礼的性格のものにすぎない，と考えるならば，国事行為としての衆議院の解散の宣言について内閣が助言と承認の権能を有しているからといって，内閣が憲法上当然に解散権を有していると決めつけることはできない，という結論が導かれる。　（R2-6-5）

この問題は，いわゆる学説問題に分類されます。他の資格試験（特に，司法試験や司法書士試験）ではよくある出題形式です。この形式は，知識があることを前提とした「文章理解」の問題として解いてしまってください。要は，勉強したことに照らしてどうかということではなく，ある見解が与えられた場合，（知識的に文章を補完したうえで）論理的に，問題のような結論が導けるのか，ということです。

本問では，「天皇の国事行為は本来，厳密に形式的儀礼的性格のものにすぎない」という考えを前提とせよとしています。国事行為が厳密に形式的儀礼的性格のものであることを重視すると，当該行為に対する助言・承認も形式的儀礼的性格のものであり，したがって，これらには法的な意味があまりないというように考えることができます。

そうすると，国事行為に衆議院の解散が掲げられている → これに助言・承認をするのは内閣である → だから，衆議院の解散権は実質的に内閣にあるのだという論理が通用しません。いやいや，厳密に形式的儀礼的行為にすぎない → だから，これに対する助言・承認に特別な意味なんて与えられない → だから，内閣が憲法上当然に解散権を有していると決めつけることはできないのだ，と考えるのが自然です。したがって，❶は正しいです。

❷ ▶ 国会議員の不逮捕特権を定める目的が議院の審議権の確保にある，と考えるならば，国会議員の逮捕請求の理由が正当であっても，議院は，議員の逮捕を許諾しないことができる，という結論を導くことができる。

（予備H26-10-ア改）

他の資格試験の問題を行政書士試験の出題形式にアレンジしました。国会議員

の不逮捕特権の目的が議院の審議権の確保にあると考えると，審議権の確保のためには，当該審議の対象に不可欠な人物がどうしても必要であるということになります。とすれば，いかに逮捕の理由が正当であったとしても，必要な議員が逮捕されると審議をうまく進行することができませんよね。したがって，国会議員の逮捕請求の理由が正当であっても，議院は，議員の逮捕を許諾しないことができるという結論を導くことが可能です。以上より，❷は正しいです。

　いずれの問題も，○○と考えるならば → ××という結論が導かれるという論理の間に，とすれば，△△だから，という簡単な理由づけを付加することが必要です。ここが，この形式の難しいところです。再び本問のような形式で出題された場合は，この「とすれば，△△だから」という理由づけを適切に考えていくようにしましょう。決して既存の知識のみで考えていくのではなく，柔軟に考えていくことが要求される形式です。

問題 次の表のA〜Eのうち，左欄に掲げられた事項と右欄に掲げられた事項との関係が1つだけ異なるものとして，最も妥当なものはどれか。

A	国務大臣の任命の認証 外国の大使及び公使の接受	最高裁判所長官の任命
B	憲法改正の発議 財政の統制	皇室財産授受の議決
C	議員逮捕の許諾及び釈放の要求 会議の公開の停止	弾劾裁判所の設置
D	条約の締結 法律の誠実な執行と国務の総理	官吏に関する事務の掌理
E	国務大臣の訴追の同意 閣議の主宰	法律及び政令への連署

1 A 2 B 3 C 4 D 5 E

(オリジナル)

　本問のA，B，D，Eの右欄に記載された権能等は，その主体が，各々，左欄に掲げられた権能等と同じである。そして，以下の解説にあるとおり，Cのみが，左欄に掲げられた権能の主体と右欄に掲げられた権能の主体とが異なる。

A　いずれも天皇の国事行為である
　　国務大臣の任命の認証（憲法7条5号），外国の大使及び公使の接受（同条9号），及び最高裁判所の長たる裁判官（最高裁判所長官）の任命（6条2項）は，憲法上，いずれも天皇の国事行為とされている。

B　いずれも国会の権能である
　　憲法改正の発議（96条1項前段），財政の統制（83条等），及び皇室財産授受の議決（8条）は，憲法上，いずれも国会の権能とされている。

C　左欄は両議院の権能であるが，右欄は国会の権能である
　　議員逮捕の許諾及び釈放の要求（50条），会議の公開の停止（秘密会　57条1項但書）は，憲法上，両議院の権能であるとされている。これに対して，罷免の訴追を受けた裁判官を裁判するための弾劾裁判所の設置（64条1項）は，憲法上，国会の権能とされている。

D　いずれも内閣の権能である
　　条約の締結（73条3号），法律の誠実な執行と国務の総理（同条1号），及び官吏に関する事務の掌理（同条4号）は，憲法上，いずれも内閣の権能とされている。

E　いずれも内閣総理大臣の権能である
　　国務大臣の訴追の同意（75条本文），閣議の主宰（内閣法4条2項），及び法律及び政令への連署（憲法74条）は，憲法又は法律上，いずれも内閣総理大臣の権能とされている。

　　以上により，最も妥当なものは3であり，正解は3となる。

到達度チェック ▶▶▶

商法

1. 会社法上の重要概念

→ 総合テキスト **Chapter 2・3・4 3**，総合問題集 **Chapter 2**

> **イントロダクション**
>
> ....
>
> 　会社法は，学習の初期段階がとても大変だといわれています。これは，民法と異なり，具体的なイメージが持てないことがその原因であると考えられます。そこで，本章では，会社法上の重要概念について，その趣旨・目的等を説明していきます。これを先に行うことで，各制度の概念のイメージをしっかり持つことができるようになるため，学習効率が飛躍的に上がります。

1 会社の種類

解法の鉄則 その1

① 社員の責任の種類を把握する

② 責任の特徴を知ったうえで，会社の種類を把握する

　最初に，会社法の定める会社の種類を把握しておきましょう。

　会社には，①**株式会社**，②**合同会社**，③**合資会社**，④**合名会社**の4種類があります。これらの会社は，その社員の責任の態様によって分類されます。

　「社員」とは，従業員という意味ではありません。会社法上の「社員」とは，会社への出資者のことを指します。一般的な用語と意味合いが違いますので注意しておきましょう。

● 1-1　社員の責任のイメージ

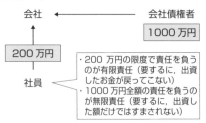

会社 ← 会社債権者　1000万円

200万円

社員

・200万円の限度で責任を負うのが有限責任（要するに，出資したお金が戻ってこない）
・1000万円全額の責任を負うのが無限責任（要するに，出資した額だけではすまされない）

まず，第1の分類の仕方として，直接責任と間接責任があります。**直接責任と間接責任との違いは，社員が会社債権者から直接請求を受けるか否かの違い**です。直接責任の場合，社員は会社債権者から直接請求を受けることがあります。一方，間接責任の場合，社員は会社債権者から直接請求を受けることはありません。

　次に，第2の分類の仕方として，有限責任と無限責任があります。**有限責任と無限責任との違いは，どこまで責任を負うのか**というものです。1-1の図の中でも説明していますが，**有限責任は出資額の限度で責任を負うのみ**です。そのため，出資のリスクがどの程度なのかがあらかじめ予測できるわけです。これに対して，**無限責任は，出資額を超えて責任を負います**。1-1の図でいえば，会社は1000万円の借金があるところ，社員は200万円しか出資をしていません。この場合，社員は「200万円しか出資していないのだから，そこしか責任を負いませんからね」とは言えず，1000万円全額について支払う責任が発生するわけです。無限責任は，かなり重い責任であるといえるでしょう。

● 1-2　会社法上の社員の責任

　1-2のように，会社法上の社員の責任は，先ほど説明した責任をたすきがけするような形で分類されます。つまり，**①間接有限責任，②直接有限責任，③直接無限責任**に分かれます。なお，間接無限責任という類型は，会社法上存在しないという点もあわせて押さえておいてください。

　この社員の責任に応じて，1-3のように会社が分類されます。

● 1-3　会社法上の会社の種類

株式会社	間接有限責任の社員で構成される会社
合同会社	間接有限責任の社員で構成される会社
合資会社	直接有限責任・直接無限責任の社員で構成される二元的な会社
合名会社	直接無限責任の社員で構成される会社

　それでは，この知識をどのように使っていけばいいのかを確認していきましょう。

設問1

合資会社・合名会社がその財産をもってその債務を完済することができない場合，社員は，それぞれの責任の範囲で連帯して会社の債務を弁済する責任を負う。 (H 28 – 40 – イ改)

合資会社・合名会社の社員は，いずれも**直接責任を負います**。とすれば，会社が払えない債務を，社員が支払う責任が発生することになります。このように，**会社の種類が限定されたら，すぐに社員の責任がどうなっているのかを思い出すようにするのが問題を解くコツ**です。したがって，本問は，正しいです。

設問2

❶▶ 合資会社・合名会社の社員は，会社に対し，既に出資として払込みまたは給付した金銭等の払戻しを請求することができる。 (H 28 – 40 – エ改)

こんなことは勉強していないと思うかもしれませんが，社員の責任から考えると解答を導くことができます。会社債権者の立場になって考えてみてください。合資会社・合名会社に対する債権者は，その社員に対して直接請求ができますよね。とすれば，**会社債権者からすると，会社にお金があるのか，それとも社員のほうにお金があるのかというのはあまり関係がありません**。いずれにも請求できるからです。これが解答のヒントです。

気づいたでしょうか。そうです。会社が社員に対して，出資の払戻しをした，つまり，合資会社・合名会社の場合，社員に出資金を返したとしても，会社債権者を害することはありません。したがって，合資会社・合名会社の社員は，会社に対し，出資の払戻しを請求することができます。本問は正しいです。

❷▶ 株式会社の株主は，会社に対し，既に出資として払込みまたは給付した金銭等の払戻しを請求することができる。 (H 28 – 40 – エ改)

❶を株式会社に改題しました。株式会社の社員（出資者）を特に株主と言いますので，本書では，以下，「株主」と表記することにします。

株式会社の株主は，どのような責任を負っていたでしょうか。これは，間接責任でしたね。株式会社の債権者は，株主に対して直接請求をすることができません。とすれば，**会社が株主に対して出資金を払い戻してしまうと，会社債権者を害することになる**わけです。したがって，株主は，会社に対して，出資金の払戻

しを請求することができません。本問は誤りです。

　会社法を攻略するポイントは，まず，各会社の社員の責任を正確に把握し，そこから様々な問題に応用できるようになることです。

❷　債権者保護・株主保護

解法の
鉄則
その2　▶　利害関係人の利益保護のバランス感覚を把握する

　会社法の解法スキルを身につけるうえで，欠かせないのが利益保護のバランス感覚です。会社法の規定は膨大です。しかし，ここで学習する利益保護のバランスを把握しておくことで，会社法関連の知識を一気に整理・記憶することができるようになります。ここでは，2つの問題を使いながら，利益保護のバランス感覚を身につけていきましょう。

設問3

　株式会社の規律に関する次の1から3までの各記述のうち，会社債権者の保護を目的としないものはどれか。

1　株式会社は，純資産額が300万円を下回る場合には，剰余金の配当をすることができないものとされている。
2　株式会社による自己の株式の取得は，一定の場合を除き，対価として交付する財産の帳簿価額が分配可能額を超えない範囲内でのみ，行うことができるものとされている。
3　会社法上の公開会社は，第三者割当ての方法により特に有利な金額で募集株式を発行する場合，株主総会の特別決議によって募集事項を定めなければならないものとされている。

（司法H20-36改）

　本問の各記述は，会社法の規定に照らしていずれも正しいものです。問われているのは，当該規定が会社債権者の保護を目的としているかどうかです。
　まずは，記述の1です。
　記述の1は，剰余金の配当に関して，一定の規制をかけています。これは，解法の鉄則その1 の①の社員の責任から考えると，誰の保護を目的としているのかがわかると思います。株主の責任は，間接有限責任でした。したがって，会

社債権者は，株主に対して直接責任を追及することができませんでしたよね。と すれば，**会社債権者としては，会社からどんどんお金が出ていってしまうことを 最も嫌う**わけです。ここまで考えることができれば，「純資産額が300万円を下 回る場合」には，「剰余金の配当」に規制をかけることで，会社からお金が流出 しないようにしていることから，これは会社債権者を保護しているのだろうと結 論づけることができます。

　次に，記述の2です。

　記述の2は，会社が自己株式を取得する際，分配可能額を超えない範囲内で行 うことができるとされています。**会社が自社株を買い取る場合**，当然のことです が，**会社はお金を払うわけですから，無制限にこれを認めてしまうと，会社から どんどんお金が流出してしまいます**。これはまずいだろうということで，「分配 可能額を超えない範囲内」でやってくれと規制をかけたわけです。したがって， これも，会社債権者を保護するための制度であるとわかります。

　記述の3は，募集株式の発行について問われています。新株を既存の株主より 特に有利な金額で発行するというのです。既存の株主には，1株1万円で売って いたにもかかわらず，今回の株式は，1株1000円で売るというくらいのイメ ージを持っておいてください。この場合，**株主総会において，普通決議ではな く，特別決議を要する**としています。ここまでくれば，なんとなく理由がわかり ますよね。そうです。「いやいや，自分たちは1株1万円で出資をしたのに，今 回は1株1000円って……。ちょっと安く出しすぎだよ」という文句が出るわ けです。そのため，このような**新株を発行する際には，既存の株主たちが集まる 株主総会において，「特別決議」を経る必要がある**のです。したがって，本記述 は，既存の株主の保護を主な目的としていることがわかります。

　以上により，正解は3です。**今学習している制度は，会社債権者，株主のいず れの保護を目的としたものなのだろうか，** という視点を持ちながら学習をしてお くと，問題を解く際にかなり役に立ちますので， 設問3 をとおして，普段の 学習のイメージもつかんでみてください。

設問4

　株式会社が，株主総会の決議に基づいて，株主との合意により当該株式会社 の株式を有償で取得する場合には，当該行為の効力が生ずる日における分配可 能額を超えて，株主に対して金銭等を交付することができる。　（R2-38-5）

「当該株式会社の株式を有償で取得」というところから，自己株式を取得する

ケースであることがわかります。 **設問3** で説明したとおり，会社が自己株式を取得する場合には株主に対して金銭等を交付するわけですから，会社債権者を保護する観点から，無制限に認めるわけにはいきません。したがって，「分配可能額を超えて」，「金銭等を交付することができる」とする本問は，明らかに保護バランスを欠いており，誤りであるということがわかるでしょう。このように，一定の方向性をしっかりと見定めることが会社法の攻略のポイントです。

設問5

　会社法上の公開会社は，第三者割当ての方法により募集株式を発行する場合，原則として，取締役会によって募集事項を定めることができる。

（司法H20-36-4改）

設問3 の記述3を改題しました。今度は，特に有利な金額というわけではないので，株主総会の決議を経る必要はなさそうです。この場合，原則として，取締役会の決議で募集事項を定めることができるとされています。したがって，本問は正しいです。

3 公開会社・非公開会社

解法の鉄則その3 ① 定義を正確に押さえる
② 会社のイメージをつかんでおく

　公開会社とは，すべての種類の株式について譲渡制限がある株式会社以外の株式会社をいいます（2条5号）。これに対して，非公開会社とは，発行する全部の種類の株式について，定款で譲渡制限をしている会社をいいます。
　問題を解く際には，定義を正確に押さえておく必要があります。

設問6

　公開会社は，譲渡制限株式を発行することができない。　（R2-40-1改）

　公開会社とは，すべての株式について譲渡制限がある株式会社以外の会社をいいます。言い方を換えると，一部でも譲渡制限がかかっていない株式を発行しているのであれば，その会社は公開会社であるといえます。したがって，本問は誤りです。

● 1-4　公開会社と非公開会社の比較

甲株式会社	→	公開会社

　普通株　　　 15 株
　譲渡制限株　1500 株

乙株式会社	→	非公開会社

　譲渡制限株　1515 株

　次に，それぞれの会社類型のイメージをつかんでおきましょう。

　非公開会社は，発行するすべての株式に譲渡制限を設けている会社です。その特徴（イメージ）としては，1-5のようなものが挙げられます。

● 1-5　非公開会社の特徴

① 基本的には小規模な経営を予定
② 株主の個性がある程度重視される
　→ すべての株式に譲渡制限を設定しているのだから，既存の株主の変動をできる限り避けたいという趣旨

　これに対して，公開会社のイメージは1-6のようなものが挙げられます。

● 1-6　公開会社の特徴

① 大規模な経営をも予定
② 株主の個性は重視されない
　→ すべての株式に譲渡制限を設定しているわけではないので，既存の株主の変動を許容する趣旨

設問7

　会社法上の公開会社においては，定款の定めによっても，取締役の資格を株主に限定することができない。
　　　　　　　　　　　　　　　　　　　　　　　　　　　　　（司法H 18 - 44 - 1）

　公開会社は，大規模な経営を予定していることから，幅広く人材を登用しようという考えが背景にあります。そのため，本問のように，定款の定めによって，取締役の資格を株主に限定することはできません。したがって，本問は正しいです。

これに対して，**非公開会社においては，比較的小規模な経営を予定しているため，幅広く人材を登用しようという要請は強くありません**。したがって，定款に定めれば，取締役の資格を株主に限定することができます。

設問8

❶▶ 会社法上の公開会社でない株式会社においては，株主総会における議決権について，株主ごとに異なる取扱いを行う旨を定款に定めることができる。
(オリジナル)

会社法では，会社は，株主を，その有する株式の内容及び数に応じて平等に取り扱わなければならない，という原則が定められています（株主平等の原則 109条1項）。

もっとも，**非公開会社では，株主の個性がある程度重視されます**。そのため，定款に定めることにより，株主ごとに異なる取扱いをすることが認められています（109条2項）。株主平等の原則の例外を定めてもよいということですね。したがって，❶は正しいです。

❷▶ 会社法上の公開会社である株式会社においては，株主総会における議決権について，株主ごとに異なる取扱いを行う旨を定款に定めることができる。
(オリジナル)

非公開会社に対して，**公開会社では，株主の個性は重視されません**。そのため，本問のような定款の定めを設けることはできません。したがって，❷は誤りです。

公開会社・非公開会社について，以上のようなイメージを持っておくと，様々な問題に対しても対応することができます。本書でも，公開会社・非公開会社の相違点が問われている場合には，これらを意識して説明をしていきますので，今のうちに頭の中に入れておいてください。

問題 公開会社ではない取締役会設置会社（監査役設置会社，監査等委員会設置会社及び指名委員会等設置会社を除く）の株主及び会社債権者の権利に関する次の記述のうち，会社法の規定に照らし，誤っているものはどれか。

1　総株主の議決権の100分の3以上の議決権を有する株主は，取締役に対して，株主総会の目的である事項及び招集の理由を示して，株主総会の招集を請求することができる。

2　株主及び会社の債権者は，裁判所の許可を得なければ，株主総会議事録の閲覧を請求することができない。

3　取締役が法令又は定款に違反する行為をするおそれがあると認めるときには，株主は，取締役に対して，取締役会の招集を請求することができる。

4　株主は，その権利を行使するために必要があるときには，会社の営業時間内は，いつでも，取締役会議事録の閲覧を請求することができる。

5　株主は，株主総会において，自らが議決権を行使することができない事項については，当該株主総会の目的である事項につき議案を提出することができない。

(オリジナル)

1　総株主の議決権の100分の3（これを下回る割合を定款で定めた場合にあっ
〇　ては，その割合）以上の議決権を有する株主は，取締役に対し，株主総会の
　　目的である事項（当該株主が議決権を行使することができる事項に限る）及
　　び招集の理由を示して，株主総会の招集を請求することができる（会社法
　　297条1項，2項）。

2　株主及び債権者は，株式会社の営業時間内は，いつでも，株主総会議事録の
✕　閲覧又は謄写を請求することができる（318条4項）。なお，株式会社の親会
　　社社員は，その権利を行使するため必要があるときは，裁判所の許可を得
　　て，株主総会議事録の閲覧又は謄写の請求をすることができる（同条5項）。

3　監査役設置会社，監査等委員会設置会社及び指名委員会等設置会社を除き，
〇　取締役会設置会社の株主は，取締役が取締役会設置会社の目的の範囲外の行
　　為その他法令若しくは定款に違反する行為をし，又はこれらの行為をするお
　　それがあると認めるときは，取締役会の招集を請求することができる（367
　　条1項）。

4　監査役設置会社，監査等委員会設置会社及び指名委員会等設置会社を除き，
〇　株主は，その権利を行使するため必要があるときは，株式会社の営業時間内
　　は，いつでも，取締役会議事録の閲覧又は謄写を請求することができる
　　（371条2項，3項）。なお，監査役設置会社，監査等委員会設置会社又は指名
　　委員会等設置会社においては，株主が取締役会議事録の閲覧又は謄写の請求
　　をする場合，裁判所の許可が必要となる（同条3項）。

5　会社法304条本文は，「株主は，株主総会において，株主総会の目的である
〇　事項（当該株主が議決権を行使することができる事項に限る。……）につき
　　議案を提出することができる。」と規定している。

以上により，誤っているものは2であり，正解は2となる。

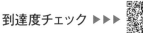

到達度チェック ▶▶▶

2. 設 立

⇒ 総合テキスト **Chapter 7**, 総合問題集 **Chapter 6**

.... イントロダクション ....

　設立は，範囲がさほど広くないため得点源になりやすいテーマです。発起人，発起設立・募集設立，現物出資，創立総会などの用語のイメージを正確につかんでおくと，記憶もしやすくなります。本章では，それぞれの用語のイメージを把握しながら，具体的な問題を検討していくことで，設立に関する解法を身につけていきます。

1 定款の作成

解法の
鉄則
その1

① 絶対的記載事項を検討する
→ 典型的な3つのひっかけポイントを押さえる
② 現物出資・財産引受を検討する
→ 主語に注意をする

　設立で真っ先に検討するのが，定款の作成段階です。問われるポイントはかなり限定されているので，そこを把握しておけば十分です。

設問 1

❶▶ 株式会社の定款には，株式会社の設立に際して出資される財産の額またはその最低額を記載または記録しなければならない。　　　　　　（H 28 - 37 - ア）

　株式会社の定款の絶対的記載事項は，**2-1**にある6つです。ここは，確実に覚えておくようにしましょう。
　本問は，④に掲げられています。したがって，❶は正しいです。

❷▶ 株式会社の定款には，当該株式会社の目的，商号，本店の所在地，資本金の額，設立時発行株式の数，ならびに発起人の氏名または名称および住所を記載または記録しなければならない。　　　　　　　　　（H 29 - 37 - 1）

● 2-1 定款の絶対的記載事項

① 目的(27条1号)
② 商号(同条2号)
③ 本店の所在地(同条3号)
④ 設立に際して出資される財産の価額又はその最低額(同条4号)
⑤ 発起人の氏名又は名称及び住所(同条5号)
⑥ 発行可能株式総数の定め(37条1項)

❷は，1つ目の典型的なひっかけ問題です。定款に記載しなければならないのは，**設立に際して出資される財産の価額又はその最低額**であり，**資本金**ではありません。したがって，本問は誤りです。よく出題される手法なので，確実に押さえるようにしてください。

設問2

　発行可能株式総数は，定款の絶対的記載事項であるから，原始定款が定められた際に記載されている必要がある。　　　　　　　　　　　　　　　　(オリジナル)

　設問2 のようなものが2つ目の典型的なひっかけ問題です。**発行可能株式総数は，原始定款（株式会社の最初に作成された定款）に定められている必要はなく，会社が実際に成立するまでに定められればよい**とされています（37条1項）。会社の設立手続を進めていかないと，どの程度の出資が集まるのかがわからないことがあるからです。したがって，本問は誤りです。

設問3

❶▷ 設立に際して作成される定款は，公証人の認証を受けなければ効力を有しないが，会社成立後に定款を変更する場合は，公証人の認証は不要である。
　　　　　　　　　　　　　　　　　　　　　　　　　　　　　(H17-32-ウ)

　最後に，3つ目のひっかけポイントを検討しておきましょう。
　株式会社の原始定款は，公証人の認証を受ける必要があります。しかし，**その後の定款の変更については，公証人の認証は不要**です。したがって，❶は正しいです。この知識と，**設問2** とをあわせると，次のような問題ができ上がります。

❷▶ 発行可能株式総数を定めていない定款について公証人の認証を受けた後，株式会社の成立前に定款を変更してこれを定めたときは，改めて変更後の定款について公証人の認証を受けることを要しない。　　　（司書H 24 – 27 – オ）

　設問2 で説明したとおり，発行可能株式総数は，原始定款に定められている必要がありません。そして，定款を変更する際に，改めて公証人の認証を受ける必要もありません。したがって，本問は正しいです。

　ここまでが，定款の作成における典型的なひっかけポイントです。

　次に，本試験で頻出している現物出資・財産引受について検討していきましょう。現物出資・財産引受は，いずれも定款の相対的記載事項です。==相対的記載事項とは，定款に記載しなくても定款自体の効力は有効ですが，定款に記載しないとその事項の効力が認められない事項==をいいます。要は，「設立においてやりたいのであれば，定款に書いてからやってくださいね」という記載事項です。相対的記載事項の代表例としては，28条各号に次（2-2）の4つが挙げられています。

● 2-2　相対的記載事項

	定款に記載・記録すべき内容
① **現物出資**	金銭以外の財産を出資する者の氏名・名称，当該財産及びその価額，その者に対して割り当てる設立時発行株式の数
② **財産引受**	株式会社の成立後に譲り受けることを約した財産・その価額，その譲渡人の氏名・名称
③ **発起人の報酬・特別利益**	株式会社の成立により発起人が受ける報酬その他の特別の利益，その発起人の氏名・名称
④ **設立費用**	株式会社の負担する設立に関する費用

　本試験でよく問われるのは，このうちの①現物出資と②財産引受なので，どのようなことを意識して問題を読んでいけばいいのかを，**設問4** と **設問5** をとおして検討していきます。

設問4

❶▶ 発起人が金銭以外の財産を出資の目的とする場合には，その者の氏名または名称，目的となる財産およびその価額等を定款に記載または記録しなければ，その効力を生じない。
　　　　　　　　　　　　　　　　　　　　　　　（H 24 – 37 – ア改）

まず，現物出資です。現物出資が出題された際に注意すべきは，①現物出資をすることができるのは発起人に限られること，②定款の相対的記載事項であること，③原則として検査役の調査が必要なことの3点です。

本問は，「金銭以外の財産を出資の目的」とありますから，現物出資の問題であることがわかります。そして，「発起人が」となっていますから，ここも問題ありません。また，「定款に記載または記録しなければ，その効力を生じない」となっていますから，ここも問題ありません。したがって，❶は正しいです。

❷▶ 発起人以外の設立時募集株式の引受人が金銭以外の財産を出資の目的とする場合には，その者の氏名または名称，目的となる財産およびその価額を定款に記載または記録しなければ，その効力を生じない。　　（H 24 - 37 - ア）

❶と比べると，問題文の冒頭が変化しています。現物出資は，発起人のみができる出資方法ですから，発起人以外の者はできません。したがって，❷は誤りです。現物出資は，金銭と異なり，出資財産の価額が不明瞭です。すると，本当は50万円の価値しかない車であるにもかかわらず，「この車には100万円の価値があるのですよ。なので，100万円分の株式をもらえませんか？」ということが通ってしまう可能性があるのです。このことから，現物出資は，会社の財産的基礎を危うくするおそれのある「危険な約束」とも言われています。このような趣旨から，現物出資ができる者を限定しているわけです。

❸▶ 発起人が金銭以外の財産を出資の目的とする場合には，その者の氏名または名称，目的となる財産およびその価額等を定款に記載または記録しなくても，その効力を生じる。　　　　　　　　　　　　（H 24 - 37 - ア改）

現物出資は，定款の相対的記載事項です。そのため，定款に記載または記録をしなければ効力を生じません。定款にしっかり記載させることで，❷の説明のようなことが起こらないようにしたわけですね。したがって，❸は誤りです。

❹▶ 現物出資財産等について定款に記載または記録された価額が相当であることについて弁護士，弁護士法人，公認会計士，監査法人，税理士または税理士法人の証明（現物出資財産等が不動産である場合は，当該証明および不動産鑑定士の鑑定評価）を受けた場合には，現物出資財産等については検査役による調査を要しない。　　　　　　　　　　　　（R 2 - 37 - ウ）

現物出資に関する最後の検討事項です。現物出資は，金銭による出資と異なり，その価額が明確ではありません。そのため，会社の財産的基礎を危うくするおそれのある事項として，その価額等について検査役の調査を受ける必要があるのです。もっとも，以下の2-3に挙げたような場合には，その調査を省略することができます。**たいした出資額ではない場合，検査役の調査を受けたのと同レベルの証明がある場合**が挙げられているので，簡単に覚えておくようにしておきましょう。

● 2-3　検査役の調査が不要な場合

---

①　目的財産の価額の総額が500万円を超えない場合
②　目的財産が市場価格のある有価証券であって，定款所定の価額が当該有価証券の市場価格として法務省令で定める方法により算定されるものを超えない場合
③　目的財産の定款所定の価額の相当性について弁護士等の証明等を受けた場合

---

❹は，2-3の③に該当するため，正しいと判断することができます。
次に，財産引受について検討していきましょう。

設問5

❶▷ 発起人が会社のために会社の成立を条件として特定の財産を譲り受ける契約をする場合には，目的となる財産，その価額および譲渡人の氏名または名称を定款に記載または記録しなければ，その効力を生じない。

（H 24 - 37 - イ）

財産引受も，検討すべきポイントは限定されています。**①財産引受の相手方は発起人に限定されないこと，②相対的記載事項であること，③会社成立後に追認するのは不可能であることの3点**です。本問は，2-2にまとめた財産引受の定義がそのまま記載されていますから，正しいと判断できます。それでは，❶の問題文に変化を加えて，出題のポイントを把握していきましょう。

❷▷ 発起人以外の設立時募集株式の引受人から会社のために会社の成立を条件として特定の財産を譲り受ける契約をする場合には，目的となる財産，その価額および譲渡人の氏名または名称を定款に記載または記録しなければ，その効力を生じない。

（H 24 - 37 - イ改）

❷は，問題文の冒頭に変化を加えました。財産引受は，現物出資と異なり，その相手方は発起人に限定されません。したがって，本問は正しいです。

❸▶ 発起人が会社のために会社の成立を条件として特定の財産を譲り受ける
契約をする場合には，目的となる財産，その価額および譲渡人の氏名または
名称を定款に記載または記録しなくても，その効力を生じる。

(H 24 – 37 – イ改)

財産引受は，現物出資と同様，定款の相対的記載事項です。したがって，❸は誤りです。

❹▶ 定款に定めのない財産引受けは無効であり，会社の成立後，その財産引
受契約を承認する株主総会の特別決議をしても，これによって無効な財産引
受契約が有効となるものではない。　　　(司法H 26 – 38 – 3改)

定款に定めのない財産引受は，会社の成立後に追認しても有効にはなりません。財産引受の手続の潜脱が認められてしまうことになり，成立時の会社の財産的基礎を危うくしかねないからです。したがって，❹は正しいです。

以上，財産引受の出題のポイントを 設問5 にまとめておきました。本試験においても，これらのポイントを意識して問題を解いていくようにするとよいでしょう。

2 発起人

解法の
鉄則
その2
① 発起人の定義を押さえる
② 発起人のイメージをしっかりと持つ

設立の問題を解く場合に，欠かせないのが発起人に対する理解です。ここでは，発起人の定義を正確に把握して問題を解く技術及び発起人のイメージから問題を解く技術を身につけていきます。

まず，発起人の定義から問題を解いていきましょう。

発起人とは，会社設立の企画者として定款に発起人として署名した者をいいます。

❶▶ 定款に発起人として署名をしていない場合であっても，株式会社の成立
に実質的に関与した者が発起人であるから，当該会社の成立に関して責任を
負う。 (オリジナル)

発起人は，定款に署名をした者を指しますから，**いくら会社の成立に関与して
いたとしても，定款に署名をしていない以上，発起人ではありません**。これは，
会社の成立に関する責任の所在を明確にするためだと考えられています。したが
って，❶は誤りです。
　しかし，この知識は，次のような問題については注意を要します。

❷▶ 定款に発起人として署名をしていない場合であっても，株式募集の文書
において賛同者として氏名を掲げることを承諾した者は，発起人と同一の責
任を負う。 (H17-32-ア)

**「定款に発起人として署名をしていない」のですから，この者は発起人ではあ
りません。まずは，ここを正確に判断できるようになってください。**それでは，
発起人ではないのだから，絶対に責任を負わないのかというと，そうではありま
せん。

> **第103条（発起人の責任等）**
> 4　第57条第1項の募集〔設立時発行株式を引き受ける者の募集〕をした場合
> において，当該募集の広告その他当該募集に関する書面又は電磁的記録に自
> 己の氏名又は名称及び株式会社の設立を賛助する旨を記載し，又は記録する
> ことを承諾した者（発起人を除く。）は，発起人とみなして，前節及び前3項
> の規定を適用する。

　103条4項の規定のとおり，発起人ではなくても，発起人と同様の責任を負
うことがあります。まさに，❷のような場合ですね。したがって，本問は正しい
です。

❸▶ 発起設立または募集設立のいずれの方法による場合であっても，発起人
でない者が，会社設立の広告等において，自己の名または名称および会社設
立を賛助する旨の記載を承諾したときには，当該発起人でない者は発起人と

みなされ，発起人と同一の責任を負う。　　　　　　　　　　（H 27 - 37 - オ）

❸は，ひっかけ問題です。疑似発起人の責任は，募集設立特有の話です。した
がって，本問は誤りです。この点は，後ほど出てくる募集設立とあわせて確認し
てみてください。
　次に，発起人の資格や員数について検討しておきましょう。

設問7

❶▶ 株式会社を設立するためには，発起人が3名以上必要である。(オリジナル)

❷▶ 未成年者は，発起人となることができない。　　　　　　（司書 H 24 - 27 - エ）

❸▶ 営利を目的としない法人も，発起人となることができる。
　　　　　　　　　　　　　　　　　　　　　　　　　　　（司書 H 26 - 27 - ア）

❹▶ 発起人は，設立時取締役の中から選任されなければならない。(オリジナル)

　もう一度，発起人の定義を確認しておきましょう。発起人とは，会社設立の企
画者として定款に発起人として署名した者でしたね。その資格や員数については
なんら言及がありません。これが解法のポイントです。発起人には，特別な資格
や一定の員数が必要であるという要件は一切ありません。これを把握しておけ
ば，　設問7　のような問題も一刀両断にすることができます。
　発起人には資格・員数について特別な要件はありませんから，❶，❷，❹は誤
り，❸は正しいということになります。ここは，確実に押さえておきましょう。
　それでは，　解法の鉄則その2　の②に移ります。今度は，発起人に関してのイ
メージを固めておくことです。発起人は，設立段階のすべての仕事を行い，これ
に対して全責任を負う者なのだとイメージしておきましょう。このイメージを持
っておくことが解法のポイントです。

設問8

　設立時取締役は，その選任の日から会社の設立の登記がなされるまでの期間
において，発起人に代わって設立中の会社のすべての業務を行う権限を有する。
　　　　　　　　　　　　　　　　　　　　　　　　　　　（H 19 - 36 - エ）

通常，「取締役」と出てくると，業務執行権限がありそうに思えてしまいます。しかし，設立段階では，発起人がその業務を行い，責任も負います。他方，設立時取締役は，出資の履行が完了していることその他設立の手続が法令または定款に違反していないことの調査をする義務はありますが，すべての業務を行う権限があるわけではありません。したがって，　設問8　は誤りです。

設問9

❶▶ 株式会社が成立しなかったときは，発起人は，連帯して，株式会社の設立に関してした行為についてその責任を負い，株式会社の設立に関して支出した費用を負担する。　　　　　　　　　　　　　　　（H 30 – 37 – オ）

発起人は，基本的に，設立中のすべての責任を負うと説明しましたが，会社が成立しなかった場合の責任であればなおさらです。したがって，本問は正しいです。

❷▶ 株式会社が成立しなかったときは，発起人および設立時役員等は，連帯して，株式会社の設立に関してした行為について，その責任を負い，株式会社の設立に関して支出した費用を負担する。　　　　　　　　（R 2 – 37 – エ）

　設問8　と　設問9　の❶のイメージを前提とすると，役員等は，基本的に設立に関する責任を負いません。役員等は，成立後の会社を動かす者であり，設立中は，特に仕事という仕事がないイメージを持っておくとよいでしょう。したがって，本問は，「発起人および設立時役員等」としている点が誤りです。嫌なひっかけですが，発起人のイメージをしっかりと持って解答するようにしてください。

❸▶ 設立時取締役その他の設立時役員等が選任されたときは，当該設立時役員等が会社設立の業務を執行し，またはその監査を行う。　（H 27 – 37 – エ）

　設問8　における説明のとおり，設立時取締役に義務づけられている業務は一定の範囲に限られています。また，業務執行等を行うのは発起人ですから，役員等ではありません。したがって，本問は誤りです。

設問10

❶▶ 発起設立または募集設立のいずれの場合であっても，各発起人は，設立時発行株式を1株以上引き受けなければならない。 (R 2 - 37 - ア)

　ここまでの話でわかるとおり，発起人は，設立中のキープレーヤーであるといえます。そのため，発起人は株式を引き受けないということはあり得ないわけです。したがって，本問は正しいです。

❷▶ 設立時発行株式を引き受けた発起人が出資の履行をしない場合には，当該発起人は当然に設立時発行株式の株主となる権利を失う。(H 26 - 37 - ウ)

　❶の応用問題です。繰り返しますが，発起人は会社設立におけるキープレーヤーです。そのため，株式を引き受けないということはできないわけです。そこで，本問のような場合，出資の履行をしない発起人に対して，出資の履行を催告することとなります。本問は，このような催告をすることなく「当然に」株主となる権利を失うとしているため，誤りです。

❸▶ 設立時募集株式の引受人がその引き受けた設立時募集株式に係る出資を履行していない場合には，当該引受人は，当然に当該株式を引き受ける権利を失う。 (オリジナル)

　❷と異なり，出資の履行をしていないのは株式の引受人です。発起人ではありません。とすれば，株式を引き受けてくれる人ならばいくらでも代わりがきくわけですから，出資をするように催告などする必要がないのです。したがって，本問は正しいです。これも，発起人のイメージをしっかりとつかんでおくと比較的容易に判断できると思います。

● 2-4　発起人と募集株式の引受人の比較

	発起人	募集株式の引受人
失権手続	2週間以上の期間を定め払込催告の通知後，失権する(36条参照)	設立時募集株式の引受人は，払込みをしないときは当然に失権する(63条3項)

3 発起設立と募集設立の相違

> 解法の
> 鉄則
> その3
>
> 第三者が登場しているか否かを大きな視点とする

設立の最後に，発起設立と募集設立の相違点を整理しておきましょう。

発起設立とは，設立の企画者である発起人が設立の際に発行する株式のすべてを引き受け，会社成立後の当初から株主になる形態の設立方法をいいます。

これに対して，**募集設立とは，発起人が設立に際して発行する株式の総数の一部を引き受け，残部について株式引受人を募集して会社を設立する方法**をいいます。

● 2-5 発起設立と募集設立

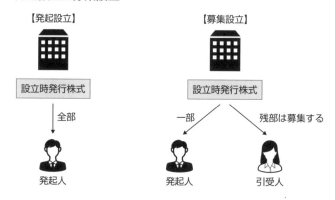

この2つの設立方法の大きな違いは，募集設立では会社の**設立段階で，すでに株式の引受人という外部の者が存在する**点です。株式の引受人がいるということは，**この者の意見が会社設立段階で反映される**ということです。また，**引受人を保護する要請が働くため，発起人等の責任もより重く**なります。このようなイメージを持って，問題を読んでいきましょう。

設問11

会社の設立に際しては，発起設立または募集設立のいずれの方法による場合も，創立総会を開催しなければならない。 (H 19 - 36 - ア)

創立総会とは，設立時の株主総会をいいます。**創立総会は，会社成立後の株主**

総会に相当するもので，設立中の会社の決議機関です。これは，すでに株式の引受人がいる募集設立にしかない機関です。したがって，本問は誤りです。募集設立には，創立総会があるため，一定の事項については，創立総会で決議をとることがあります。

商法

設問12

設立時取締役は，発起設立の場合には，発起人の議決権の過半数によって選任されるが，募集設立の場合には，創立総会の決議によって選任される。

(司書H22-27-エ改)

発起設立，募集設立の双方とも正しいです（40条1項，88条1項）。発起設立では，発起人が会社設立に伴うものを決定していきますが，**募集設立では，創立総会の決議によることがある**わけです。この辺りを意識していくと，解法が完成します。

設問13

募集設立における発起人は，創立総会終了後において定款に発行可能株式総数が設けられていない場合には，会社の成立の時までに，その全員の同意によって，定款を変更してその定めを設けなければならない。 (司書H20-28-ウ)

「募集設立における発起人」という部分がポイントです。この場合も，創立総会の決議によって，発行可能株式総数に関する定款の変更をすることになります（98条）。したがって，発起人全員の同意ではなく，創立総会の決議によって定款変更をするため，本問は誤りです。

ここまでのイメージがつかめたら，例外的な問題を把握して終了です。

設問14

発起設立では，成立後の会社の資本金及び資本準備金の額に関する事項について，定款で定めていないときは，発起人全員の同意によって，これを定めなければならないが，募集設立では創立総会の決議で定めなければならない。

(司書H18-32-ウ改)

資本金及び資本準備金の額は，いずれの設立方法においても，発起人全員の同意によって定める必要があります（32条1項3号）。したがって，本問は誤りです。

募集設立では，ほとんどの内容を創立総会で決議していくのですが，**資本金のような重要事項については，やはり発起人が最終的に決定をする**ことになります。この点は，**募集設立では，原則として創立総会 → 例外的に発起人が決めることがある**というように整理しておくとよいでしょう。

● 2-6 決議事項の整理

発起人の全員の同意が必要	① 設立時発行株式の数 ② 設立時発行株式の価額 ③ 資本金及び資本準備金の額
創立総会の決議事項	① 定款の変更 ② 設立時役員等の選解任 ③ 設立手続の調査 ④ 設立の廃止 ⑤ その他株式会社の設立に関する事項

次に，発起人の責任という観点から比較しておきましょう。

設問15

発起設立または募集設立のいずれの場合であっても，発起人は，設立時発行株式を引き受けた発起人または設立時募集株式の引受人による払込みの取扱いをした銀行等に対して，払い込まれた金額に相当する金銭の保管に関する証明書の交付を請求することができる。 　　　　　　　　（R2-37-オ）

これは，募集設立に固有の規定です。発起設立の場合は，発起人のみが出資者であり，出資者自身がその出資された財産の保管に携わることから，財産の保管状況を明らかにする必要がありません。これに対して，**募集設立では，発起人以外の株式の引受人がいます。当該引受人を保護するために，このような規定が設けられた**わけです。

したがって，本問は誤りです。

設問16

❶▶ 募集設立における発起人は，会社の成立の時における現物出資財産等の価額が定款に記載された価額に著しく不足する場合であっても，当該発起人がその職務を行うについて注意を怠らなかったことを証明すれば，不足額を支払う義務を免れる。 　　　　　　　　（司書H20-28-イ）

● 2-7　発起設立と募集設立の比較

		発起設立	募集設立
設立時発行株式	引受人	各発起人は，1株以上引き受ける（25条2項）	
		発起人が株式の全部を引き受ける（25条1項1号）	他に株式引受人を募集する（25条1項2号）
	募集手続		① 発起人が引受の申込みをしようとする者に対し，募集に関する事項を通知（59条1項） ② 申込みをする者が発起人に対し，申込みに関する事項を記載した書面の交付又は電磁的記録による提供（59条3項，4項）
創立総会の有無		なし	あり
設立時役員等	選任	発起人の議決権の過半数（40条1項）	創立総会の決議（88条）
	解任	発起人の議決権の過半数（43条1項） ただし，設立時監査等委員である設立時取締役又は設立時監査役の解任は，3分の2以上の多数（同項かっこ書）	創立総会の決議（91条）
	設立時代表取締役の選定・解職	設立時取締役の過半数（47条1項，2項，3項）	

商法

　募集設立では，株式の引受人を保護する必要があるため，発起人の責任が重くなります。そのため，本問の場合，**発起人は，その職務を行うについて注意を怠らなかったことを証明したとしても**，不足額を支払う義務を免れることができません。したがって，❶は誤りです。

> ❷▶ 発起設立における発起人は，会社の成立の時における現物出資財産等の価額が定款に記載された価額に著しく不足する場合であっても，当該発起人がその職務を行うについて注意を怠らなかったことを証明すれば，不足額を支払う義務を免れる。
> （司書H20−28−イ改）

❶を発起設立の場合に改題しました。発起設立の場合，発起人は職務を行うについて注意を怠らなかったことを証明すれば，不足額を支払う義務を免れることができます。したがって，❷は正しいです。

● 2-8　現物出資財産等の価額てん補責任

現物出資者	52条1項の責任を負う			
その他の者	検査役の調査あり	負わない		
	検査役の調査なし	有過失	負　う	
		無過失	発起設立	負わない
			募集設立	負　う

※　現物出資又は財産引受における出資財産価額の相当性について証明した弁護士等（33条10項3号）は，発起人等と連帯して，同様の責任を負う（52条3項本文）。

問題 株式会社（種類株式発行会社を除く。）の設立に関する次の記述のうち，会社法の規定に照らし，正しいものはどれか。

1　株式会社の定款には，当該株式会社の目的，商号，本店の所在地，資本金の額，設立時発行株式の数，ならびに発起人の氏名または名称および住所を記載または記録しなければならない。

2　金銭以外の財産を出資する場合には，株式会社の定款において，その者の氏名または名称，当該財産およびその価額，ならびにその者に対して割り当てる設立時発行株式の数を記載または記録しなければ，その効力を生じない。

3　発起人は，その引き受けた設立時発行株式について，その出資に係る金銭の全額を払い込み，またはその出資に係る金銭以外の財産の全部を給付した時に，設立時発行株式の株主となる。

4　設立時募集株式の引受人がその引き受けた設立時募集株式に係る出資を履行していない場合には，株主は，訴えの方法により当該株式会社の設立の取消しを請求することができる。

5　発起設立または募集設立のいずれの手続においても，設立時取締役の選任は，創立総会の決議によって行わなければならない。

(H 29 - 37)

1 27条柱書は、「株式会社の定款には、次に掲げる事項を記載し、又は記録し
✗ なければならない。」と規定しており、同条各号は①目的、②商号、③本店
の所在地、④設立に際して出資される財産の価額又はその最低額、⑤発起人
の氏名又は名称及び住所を掲げている。さらに、37条1項は、株式会社の
成立の時までに、発行可能株式総数を定めなければならないと規定してい
る。したがって、「設立時発行株式の数」および「資本金の額」は、定款に
記載し、又は記録しなければならないわけではない。

2 28条柱書は、「株式会社を設立する場合には、次に掲げる事項は、第26条第
〇 1項の定款に記載し、又は記録しなければ、その効力を生じない。」と規定
している。そして、同条1号は、「金銭以外の財産を出資する者の氏名又は名称、当
該財産及びその価額並びにその者に対して割り当てる設立時発行株式の数」
を掲げている。

3 50条1項は、「発起人は、株式会社の成立の時に、出資の履行をした設立時
✗ 発行株式の株主となる。」と規定している。したがって、「払い込み、または
……給付をした時に」設立時発行株式の株主となるわけではない。

4 63条3項は、「設立時募集株式の引受人は、第1項の規定による払込みをし
✗ ないときは、当該払込みをすることにより設立時募集株式の株主となる権利
を失う。」と規定している。しかし、株式会社においては、設立の取消しの
訴えの制度はない（832条参照）。

5 募集設立について、88条1項は、「第57条第1項の募集をする場合には、設
✗ 立時取締役、設立時会計参与、設立時監査役又は設立時会計監査人の選任
は、創立総会の決議によって行わなければならない。」と規定しているが、
発起設立について、40条1項は、「設立時役員等〔設立時取締役……、設立
時会計参与、設立時監査役又は設立時会計監査人〕の選任は、発起人の議決
権の過半数をもって決定する。」と規定している。

以上により、正しいものは2であり、正解は2となる。

3. 株 式

⇒ 総合テキスト **Chapter 5**, 総合問題集 **Chapter 3**

イントロダクション

　　株式は，株主の権利を中心に押さえていきましょう。また，株式では，既存の株主と新しく株主となる者の利益調整，会社と株主との間の利益調整，さらに，債権者と株主の間の利益調整というように，バランスをとるために様々な制度を整備しています。どこの利益調整を図っているのか。そのために，どのような手段を用いているのか。このような視点を持って学習すると，攻略しやすい分野であるといえるでしょう。

① 株式総論

解法の鉄則 その1

① 株式の種類を把握する
② 株主の基本的な権利を押さえる
　→ 基本的な3つの権利を検討する
　→ 少数株主権を検討する
③ 株式買取請求権の手続を把握する
　→ 株式買取請求ができる株主を確認する
　→ 株式買取請求ができる場面を確認する

　株式の問題を解く際には，前提として，株式の種類を把握しておく必要があります。株式に特別の内容を設定していないものを普通株式といいますが，会社は，株主のニーズに応じて特別な内容を付すことがあります。まずは，この点に関して，問題をとおして出題のポイントを確認していきましょう。

設問1

❶▶ 会社は，その発行する全部の株式の内容として，株主総会において議決権を行使することができる事項について制限がある旨の定款の定めがある株式を発行することができる。　　　　　　　　　　　　　　　　　（H 28 - 38 - イ）

　株式の種類が問われた際に，まず着眼すべきは"発行する全部"の株式に設定

するのか，"発行する一部"の株式に設定するのかということです。

　会社法上，発行する株式の全部に設定できる内容は，3-1にある3つです。

● 3-1　株式の種類

① 譲渡制限株式
　→　譲渡による株式の取得について会社の承認を要する株式
② 取得請求権付株式
　→　株主が会社に対して当該株式の取得を請求することができる
　　株式
③ 取得条項付株式
　→　会社が一定の事由が生じたことを条件として当該株式を取得
　することができる株式

　本問では，「発行する全部の株式の内容」として，「株主総会において議決権を……制限」する株式を発行することができるかと聞かれています。**いわゆる議決権制限株式というものなのですが，これは，3-1のいずれにも該当しません。**ということは，議決権制限株式を発行する全部の株式の内容として発行することはできません。したがって，❶は誤りです。

　❷▷ 会社は，その発行する全部の株式の内容として，株主総会の決議によってその全部を会社が取得する旨の定款の定めがある株式を発行することができる。
　　　　　　　　　　　　　　　　　　　　　　　　　　　（H 28－38－ア）

　❷も着眼点は同じです。本問のような株式を全部取得条項付株式といいますが，これも3-1の3つのいずれにもあてはまりません。したがって，❷は誤りです。

　❸▷ 会社は，その発行する全部の株式の内容として，譲渡による当該株式の取得について当該株式会社の承認を要する旨の定款の定めのある株式を発行することができる。
　　　　　　　　　　　　　　　　　　　　　　　　　　　（H 28－38－ア改）

　❷を改題しました。本問は，いわゆる譲渡制限株式ですよね。とすれば，3-1の①にあてはまりますから，この株式は，発行する全部の株式の内容として定めることができます。したがって，❸は正しいです。

次に，発行する一部の株式の内容に付すことができるものを見ていきましょう。これを種類株式といいます。出題のポイントは，①どのような種類の株式があるのか，②発行できない会社はあるか，という2点です。

● 3-2　株式の内容の整理　　　　　○：株式を発行できる　　×：株式を発行できない

	意　義	全部の内容	種類株式
譲渡制限株式	譲渡による株式の取得について会社の承認を要する株式	○	○
取得請求権付株式	株主が，会社に対して株式の取得を請求することができる株式	○	○
取得条項付株式	会社が，一定の事由が生じたことを条件として株式を取得することができる株式	○	○
剰余金の配当・残余財産の分配について内容の異なる種類株式	優先株式・劣後株式	×	○
議決権制限（種類）株式	株主総会において議決権を行使することができる事項について異なる種類株式	×	○ 公開会社では，発行済株式総数の2分の1を超えてはならない
全部取得条項付種類株式	1つの種類株式の全部を株主総会の特別決議によって取得することができる種類株式	×	○
拒否権付種類株式	株主総会の決議等のほか，種類株主総会の決議があることを必要とする種類株式	×	○
取締役・監査役選任に関する種類株式	種類株主総会において，取締役又は監査役を選任する種類株式	×	○ 指名委員会等設置会社・公開会社では×

　まず，株式の種類に注意して，次の 設問2 で検討しましょう。

❶▶ 株式会社は，その発行する全部または一部の株式の内容として，当該株式について，株主が当該株式会社に対してその取得を請求することができることを定めることができる。 （R2-38-1）

❷▶ 株式会社は，その発行する全部または一部の株式の内容として，当該株式について，当該株式会社が一定の事由が生じたことを条件としてその取得を請求することができることを定めることができる。 （R2-38-2）

　本問の❶は，取得請求権付株式のことを指しており，❷は，取得条項付株式のことを指しています。これらの株式は，発行する株式の全部に設定してもいいし，一部に設定しても構いません。したがって，❶と❷はいずれも正しいです。
　ここでは，①譲渡制限株式，②取得請求権付株式，③取得条項付株式は，全部でも一部でも設定することができるということをきっちりと押さえておきましょう。

❸▶ 会社は，譲渡による当該種類の株式の取得について，会社の承認を要する旨の定款の定めがある種類株式を発行することができる。 （H28-38-ウ）

　先ほどの要領で問題を読んでいきましょう。これは，譲渡制限株式です。とすれば，全部でも一部でも発行することができますよね。したがって，❸は正しいです。
　なお，譲渡制限株式については，次のような典型的なひっかけ問題があります。譲渡制限株式が問われた場合，あわせて検討しておくようにしましょう。

設問3

　株式会社は，合併および会社分割などの一般承継による株式の取得について，定款において，当該会社の承認を要する旨の定めをすることができる。
（H23-38-1）

　譲渡制限株式の定めを設けることができるから正しいと判断してしまいがちです。しかし，譲渡制限株式は，文字通り株式の「譲渡」に制限をかける株式です。本問のように，「一般承継による株式の取得」は，株式の譲渡ではありませんから，譲渡制限株式の範疇外です。したがって，本問は誤りです。

次は，発行できる会社に着眼点を移します。

設問4

公開会社は，当該種類の株式の種類株主を構成員とする種類株主総会において，取締役または監査役を選任する旨の定款の定めがある種類株式を発行することができる。 　　　　　　　　　　　　　　　　　　　　（H 28 - 38 - オ改）

公開会社及び非公開会社であっても指名委員会等設置会社は，取締役等選任条項付株式を発行することはできません。これは，公開会社では経営者支配強化のために濫用されるおそれがあり，指名委員会等設置会社では指名委員会が取締役または監査役の選解任を決定する権限を有しているからです。したがって，本問は誤りです。

設問5

❶▶ 会社法上の公開会社においては，議決権制限株式の数が発行済株式の総数の2分の1を超えることができない。　　　　　　（司書H 29 - 28 - イ改）

本問は，正しいです。これは，経営者等のわずかな資本しか拠出していない者が，議決権制限株式制度を利用して会社を支配することを防止するために，公開会社においては，議決権制限株式数が発行済株式総数のうち2分の1を超えてはならないとしたのです。

この❶に変化を加えて，出題のポイントをつかんでいきます。

❷▶ 会社法上の公開会社でない会社においては，議決権制限株式の数が発行済株式の総数の2分の1を超えることができない。　　（司書H 29 - 28 - イ改）

❶と同じく「議決権制限株式の数が発行済株式の総数の2分の1を超えることができない」と問題文にあるので，公開会社の場合の議決権制限株式に関する規定の話です。そのため，❷は誤りです。

❸▶ 会社法上の公開会社においては，議決権制限株式の数が発行済株式の総数の2分の1を超えるに至ったときは，発行済株式の総数の2分の1を超えて発行された議決権制限株式は，無効となる。　　　　（司書H 29 - 28 - イ改）

❸にあるような場合，会社は，直ちに，議決権制限株式の数を発行済株式の総数の2分の1以下にするための必要な措置をとる必要があります。株式自体が無効になるわけではありません。したがって，❸は誤りです。議決権制限株式については，　設問5　をとおして，出題のポイントを把握しておくようにしておいてください。

　以上のように，株式の内容については，①全部または一部に設定することができるか，②設定できる会社かというところをチェックしていくようにすればいいでしょう。

　次に，株主の権利について確認していきます。ここは，株主の基本的な権利を把握するとともに，会社がこれを制限できるのかどうかをチェックしていけば十分です。

● 3-3　株主の基本的な権利

①　剰余金の配当を受ける権利
②　残余財産の分配を受ける権利
③　株主総会における議決権

　設問6

❶▶ 剰余金配当請求権は，株主が会社から直接経済的利益を受ける重要な権利であるため，剰余金配当請求権を付与しない旨の定款の定めを置くことは許されない。　　　　　　　　　　　　　　　　　　　（H23-40-5）

　ひっかけ問題です。会社法105条2項では，剰余金の配当を受ける権利"及び"残余財産の分配を受ける権利の全部を与えない旨の定めは無効であることが規定されています。換言すれば，剰余金の配当請求権"のみ"を付与しない旨の定款の定めは有効であるということです。したがって，本問は誤りです。

❷▶ 剰余金配当請求権及び残余財産分配請求権は，いずれも株主が会社から直接経済的利益を受ける重要な権利であるため，双方の権利を付与しない旨の定款の定めを置くことは許されない。　　　　　　　　　（H23-40-5改）

　❶を改題しました。❷では，「双方の権利を付与しない旨の定款」を置こうとしています。この定めを置くことは許されません。したがって，本問は正しいです。❶と❷を対比しながら，解答のポイントを確認しておいてください。

株主の基本的な権利を検討したら，**解法の鉄則その1** の②の2つめ，**少数株主権の検討**に入ります。試験対策上は，3-4にある4パターンを意識的に記憶しておくとよいでしょう。

● 3-4　**株主権のパターン**

A	単独株主権だが，保有期間の制限がかかるもの
B	少数株主権であり，株式数のみの制限がかかるもの
C	少数株主権であり，株式数及び保有期間の両者に制限がかかるもの
D	純粋な単独株主権（原則的に，何の制限もかからない権利）

　これを前提に，知識をまとめると3-5のようになります。これを確実に記憶しておき，A → B → C → Dの順序で検討していくようにすれば，ほぼすべての問題に対応できます。なお，保有期間は，「公開会社」の場合のみの制限です。これは，株主権の濫用を防ぐためです。非公開会社の場合は，発行するすべての株式に譲渡制限がかけられているので，株主権の濫用を防ぐためには，単に株式の譲渡を承認しなければいいから保有期間の制限はありません。

● 3-5　**株主権の整理**

A	①　取締役の違法行為の差止請求権 ②　指名委員会等設置会社における執行役の違法行為差止請求権 ③　責任追及等の訴え請求権及び訴え提起権
B	①　業務執行に関する検査役選任の申立権 ②　会計帳簿の閲覧・謄写請求権 ③　会社解散の訴え
C	①　株主総会招集請求権 ②　取締役会設置会社の株主総会における議題提案権等 ③　株主総会検査役の選任申立権 ④　最終完全親会社等の株主による特定責任追及の訴え ⑤　役員解任請求の訴え
D	上記以外のものは，基本的にDグループに属する

設問7

　公開会社の株主であって，かつ，権利行使の6ヵ月（これを下回る期間を定款で定めた場合にあっては，その期間）前から引き続き株式を有する株主のみが権

3　株　式 | 127

利を行使できる場合について，会社法が定めているのは，次の記述のうちどれか。

1 株主総会において議決権を行使するとき
2 会計帳簿の閲覧請求をするとき
3 新株発行無効の訴えを提起するとき
4 株主総会の決議の取消しの訴えを提起するとき
5 取締役の責任を追及する訴えを提起するとき

（R 1 – 38）

　まず，本問は公開会社を前提としています。この時点で，保有期間の制限がかかる権利があることを認識しておきましょう。そのうえで，3-5のA→B→C→Dの順序で検討をしていきます。

　記述の1，3，4は，AからCまでのいずれにも掲げられていません。したがって，これはDに該当しますので，保有期間の制限はかかりません。

　記述の2は，Bのパターンに該当します。したがって，保有期間の制限はかかりません。

　記述の5は，Aのパターンに該当します。したがって，保有期間の制限がかかります。

　以上より，答えは5です。

　最後に，**解法の鉄則その1**の③に示したように**株式買取請求権**を検討しておきましょう。このテーマは，株式買取請求ができる株主のイメージをつかんでおくことと，実際に株式買取請求ができる場面を把握しておくことが必要です。

設問8

　株主総会決議に反対する株主が買取請求権を行使するには，原則として，その決議に先立ち反対の旨を会社に通知し，かつ，その総会において反対しなければならない。
（H 19 – 37 – ウ）

　本問では，株式買取請求権ができる株主が問われています。この点を聞かれたら，すぐに，3-6のような内容を思い出せるようにしましょう。

　3-6にあるように，株式買取請求権があるのは，①とにかく反対し続けている株主，②反対したくてもできない株主というくらいに，簡潔に覚えておきましょう。

　本問は，①の株主がとにかく反対し続けていますから，買取請求権を行使する

ことができます。したがって，本問は正しいです。

● 3-6　買取請求権を行使することができる株主

	買取請求権が認められる株主
株主総会の決議が必要な議案の場合	①　当該株主総会に先立って反対の意思を通知し，かつ，当該株主総会で反対した株主 ②　当該株主総会において議決権を行使できない株主
株主総会の決議が不要な議案の場合	すべての株主

この検討が終わったら，買取請求ができる場面を考えていきます。

設問9

　議決権制限株式を発行する旨の定款変更決議に反対する株主は，株式買取請求権を行使することができる。　　　　　　　　　　　　　　　　（H19-37-イ）

買取請求ができる場合は，3-7のように整理しておきましょう。

● 3-7　買取請求ができる場合

買取請求が認められる場合		買取請求の対象となる株式
①　譲渡制限の定めを設ける場合	全部の株式の内容として	全部の株式
	種類株式として	当該種類の株式
②　全部取得条項付種類株式の定めを設ける場合		当該種類の株式
③　取得請求権付種類株式・取得条項付種類株式の取得の対価として交付される予定の種類株式に，譲渡制限又は全部取得条項の定めを設ける場合		取得請求権付種類株式 取得条項付種類株式
④　株式会社が以下に掲げる行為をする場合 　1　株式の併合又は株式の分割 　2　株式無償割当て，新株予約権無償割当て 　3　単元株式数についての定款の変更 　4　株主割当てによる募集株式の発行，株主割当てによる募集新株予約権の発行		当該種類の株式 ※　ある種類の株式（定款の定めにより，当該種類株主総会の決議が不要とされている場合に限られる）を有する種類株主に損害を及ぼすおそれがあることが要件となる

　本問は，「議決権制限株式を発行する場合」ですから，3-7のいずれにも該当しません。したがって，本問は誤りです。

次の 設問10 は，ここまでの買取請求に関する総合問題になります。

設問10

　株式会社がその発行する全部の株式の内容として，譲渡による当該株式の取得につき当該株式会社の承認を要する旨の定めを設ける定款の変更をする場合，当該変更に関する株主総会において，議決権を行使することのできない反対株主は，自己の有する株式を買い取るように株式会社に請求することができる。

（オリジナル）

　まず，「議決権を行使することのできない反対株主」は，株主総会において，反対したくてもできません。したがって，株式買取請求権ができる株主ということになります。

　また，「譲渡による当該株式の取得につき当該株式会社の承認を要する旨の定めを設ける定款」ということは，譲渡制限株式を設定しようとしているということですよね。これは，3-7の買取請求ができる場合に掲げられています。

　以上より，株主は，自己の有する株式を買い取るように請求することができます。したがって，本問は正しいです。

2　株式の譲渡

解法の
鉄則
その2

① 　株券発行会社の第三者対抗要件に注意する
② 　譲渡の制限について考える
　→ 　時期による制限
　→ 　子会社の親会社株式の取得

　株式の譲渡は，比較的論点が絞られているので，頻出事項をしっかり押さえてテンポよく問題を解いていくようにしましょう。

設問11

　株券発行会社において株主が株式の譲渡をする場合，当該株式の譲渡を当該株券発行会社以外の第三者に対抗するためには，株主名簿の名義書換が必要である。

（オリジナル）

株式の譲渡が問われた際，真っ先に検討したい問題の1つです。株式の譲渡の

効力発生要件及び対抗要件は，**3-8**を利用して押さえておきましょう。

● 3-8　株式の譲渡の整理

	効力発生要件	会社に対する対抗要件	第三者に対する対抗要件
株券発行会社	原則，株券の交付	株主名簿	株券の占有
株券不発行会社	意思表示のみ	株主名簿	株主名簿

　ここで意識的に押えておくべきは，株券発行会社の第三者に対する対抗要件です。この部分だけは，株券の占有が対抗要件となります。したがって，本問は誤りです。

　株式の譲渡については，①株券発行会社か否か，②会社・第三者のいずれの対抗要件か，という点をしっかりと問題文から読みとるようにしてください。

　次に，解法の鉄則その2 の②に示した株式の譲渡が制限される場合を検討します。株式の譲渡は，原則として自由であるとされていますから，出題の主力は，その譲渡が制限される場合です。この点をしっかりと学習しておきましょう。

　まず，株式の譲渡は時期による制限があります。

　会社の成立前や株式の発行前，株券の発行前というように，不安定な時期に株式を譲渡されると，後々面倒なことが起こりがちです。そのため，これらの場合には，株式の譲渡を制限することにしたわけです。

設問12

　株式の引受人が出資の履行をすることにより株主となる権利の譲渡は，成立後の株式会社に対抗することができない。　　　　　　　　　　　（H 16 - 33 - ウ）

　「株主となる権利の譲渡」とありますから，株式が実際に発行される前に譲渡をしていることになります。この段階で譲渡をされてしまうと会社側が困るわけです。したがって，この段階で譲渡をしたとしても，当該譲渡を会社に対抗することができません。本問は正しいです。

設問13

❶▶　合併後消滅する会社から親会社株式を子会社が承継する場合，子会社は，親会社株式を取得することができる。　　　　　　　　　　　（H 23 - 38 - 5改）

株式の譲渡というテーマでは、もう1つ子会社が親会社の株式を譲り受ける場合を検討します。

子会社は、原則として、親会社株式を取得することができないとされています（135条1項）。会社支配の不正を防止するためです。この点の出題のポイントは、例外のほうです。問題を解く際にも例外に着目することが重要です。

設問13 の**❶**は、子会社が親会社株式を取得しているケースですから、子会社は、原則として、親会社株式を取得することができません。しかし、本問のような場合は、3-9にあるように、**例外的に取得することができます**。不可避的に取得をしてしまうからです。

本問は、このうちの②に該当しますから、子会社は例外的に親会社株式を取得することができます。したがって、**❶**は正しいです。

● 3-9　子会社が親会社株式を取得できる場合の具体例（135条2項）

> ①　他の会社の事業の全部を譲り受ける場合において、当該他の
>   会社の有する親会社株式を譲り受ける場合
> ②　合併後消滅する会社から親会社株式を承継する場合
> ③　吸収分割により他の会社から親会社株式を承継する場合
> ④　新設分割により他の会社から親会社株式を承継する場合

❷▶ 合併後消滅する会社から親会社株式を子会社が承継する場合、子会社は、親会社株式を取得することができるが、相当の時期にその有する親会社株式を処分しなければならない。

（H 23 - 38 - 5）

例外的に子会社が親会社株式を取得したとしても、会社の支配関係からすれば良い状態とはいえません。そのため、子会社は、取得した親会社株式を相当の時期に処分しなければならないとされています。したがって、**❷**も正しいです。子会社の親会社株式の取得は、**例外×相当の時期に処分**という検討事項をしっかりと把握しておきましょう。

3　株式の併合等

解法の
鉄則
その3

①　概念を正確に捉える
②　株主への影響を考える

株式の併合等は、その**概念を正確に捉える**ことが解法の**ポイント**です。典型的

な出題としては，各概念と発行済株式総数と資本金の変化の関係性が問われます。この出題は，各概念のイメージさえつかめていれば，比較的容易に解答できるため，まずは，各概念の説明を先にしてしまうことにします。

　株式の併合とは，２株を１株に，あるいは３株を２株にというように，複数の株式をあわせて，それよりも少数の株式とすることをいいます。

　１株あたりの価値が低くなっていると，少ししか株式を持っていない者も現れる可能性が高くなり（安いので買いやすいということ），株主の管理が煩雑になってしまうことがあります。そこで，株式の併合は，１株の価値を大きくして株式の投資の対象としての単位を適正にするため等に行われることが多いです。

● 3-10　株式併合のイメージ

設問14

　株式の併合が行われた場合，資本金及び発行済株式の総数に変化はない。

(予備H 26 − 23 − 3)

　株式併合の概念がわかっていれば，株式の併合が行われると発行済株式総数が減少するということは容易にイメージできます。したがって，本問は誤りです。

　なお，資本金については特に変化はありません。資本金が変化するのは，増資・減資を除けば，基本的には，会社に金銭等の払込みがあった（要は，会社にお金が入ってきた）場合に限定されます。もし，試験において資本金の変化が問われた場合には，会社に払込みがあるかどうかを検討すればよいわけです。

設問15

　株式の分割が行われた場合，資本金及び発行済株式の総数に変化はない。

(予備H 26 − 23 − 4)

　一方，株式の分割とは，１株を２株に，あるいは２株を３株にというように，既存の株式を細分化して従来より多数の株式とすることをいいます。これは，株価の高い会社が１株の市場価格を下げて個人投資家が購入しやすいようにするた

め等に行われます。株式の併合とは逆の方向のイメージを持っておくようにしておいてください。

● 3-11　株式分割のイメージ

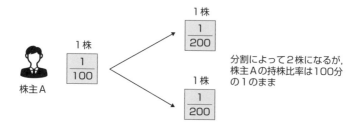

株主A　1株 $\frac{1}{100}$

1株 $\frac{1}{200}$
1株 $\frac{1}{200}$

分割によって2株になるが,株主Aの持株比率は100分の1のまま

設問15 を検討します。株式の分割は,株式の併合の逆バージョンでした。とすれば,株式の併合の場合と同様に,発行済株式の総数に変化が出ることになります。したがって,本問は誤りです。

なお,資本金については, **設問14** の解説と同様です。

株式の分割が問われた場合,もう1つ頻出事項があります。あわせて検討できるようにしておくとよいでしょう。

設問16

株式の分割によって定款所定の発行可能株式総数を超過することになる場合は,あらかじめ株主総会の決議により発行可能株式総数を変更するのでなければ,このような株式の分割をすることはできない。　　　　　（H26−38−4）

まず,前提として定款の変更をするには,株主総会の特別決議を経る必要があります。定款は,会社の根本規則であるため,容易には変えられないのです。とすれば,株式の分割によって定款に記載されている発行可能株式総数を超過する場合には,あらかじめ株主総会の特別決議により発行可能株式総数を書き換えておかなければならなそうです。

しかし,株式の分割は,発行済株式の総数を倍化させていくものです。そのため,発行可能株式総数,つまり発行限度を簡単に超えてしまう可能性があるわけです。

そこで,会社法は,株式の分割の割合であれば,株主総会の特別決議を経ずに発行可能株式総数も変化させて構わないという規定を置いています（184条2項）。したがって,本問は誤りです。これは,株式の分割がテーマになると頻出

● 3-12　株式の分割

株式の分割前
　発行可能株式総数：1500株
　発行済株式総数：1000株

⇩　　1株を2株に分割

株式の分割後
　発行可能株式総数：1500株
　発行済株式総数：2000株

※　　1株を2株に分割しただけでも，容易に発行可能株式総数を超えてしまうことがある。

する問題なので，確実に覚えておきましょう。

設問17

株式会社が株式無償割当てをする場合には，資本金の額が増加する。

(司書H 31－28－5)

株式無償割当てとは，株主に対して新たに払込みをさせないで，当該株式会社の株式の割当てをすることをいいます。文字通り，既存の株主に対して，無料で株式をあげてしまうわけですね。株式無償割当ての経済的実質は，株式の分割と同じです。したがって，株式無償割当ては，株式の分割との違いを把握しておくのが解法のポイントです。

このことを意識しながら，　設問17　を再び読んでみましょう。

　設問14　の解説のように，資本金は，会社へ金銭等の払込みがないと基本的に変化しません。株式無償割当ては，文字通り「無償」ですから，会社にお金は入りません。したがって，　設問17　は誤りです。この点は，株式の分割と同様ですね。

設問18

株式会社が株式無償割当てをする場合には，発行済株式の総数が必ず増加する。
(司書H 31－28－5改)

一方，発行済株式の総数はどうでしょうか。株式無償割当ても株式を割り当て

るわけですから，その分だけ発行済株式の総数も増加しそうです。もっとも，株式会社が自己株式を有している場合，これを株主に渡すことも可能です。そのため，この場合には，発行済株式の総数には変化が出ません。この点が株式の分割との大きな違いです。本問は「発行済株式の総数が必ず増加」するわけではないため，誤りです。

> **設問19**
> 　株式の無償割当てによって定款所定の発行可能株式総数を超過することになる場合は，あらかじめ株主総会の決議により発行可能株式総数を変更するのでなければ，このような株式の無償割当てをすることはできない。
>
> （H 26 - 38 - 4 改）

　株式の分割に関する問題を改題しました。株式無償割当てには株式の分割の際に存在した発行可能株式総数に関する特則がありません。したがって，本問は正しいです。
　次に，各概念が株主に与える影響を考えておきましょう。ここもあらかじめ考えておくことで，解答を導きやすくなります。

● 3-13　各概念と株主への影響

株式の併合	・　１株当たりの価額が上がるため，株式を譲渡しにくくなる ・　端数が切り捨てられてしまい，持株が減ることがある 　→　株主にとって不利な影響が出ることが多い
株式の分割	・　１株当たりの価額が下がるため，株式を譲渡しやすくなる 　→　株主にとって有利な影響が出ることが多い
株式の 無償割当て	・　無料で株式をもらえる 　→　株主にとって有利な影響が出ることが多い

　3-13のように，株式の併合のみ，一般的に株主へ不利な影響が出ることが多いというように整理しておくとよいでしょう。これを前提に次の問題を読んでみます。

> **設問20**
> 　取締役会設置会社であり，種類株式発行会社でない株式会社（指名委員会等設置会社を除く。）が行う株式の併合・分割等に関する次の記述について，会社法

の規定に照らし，その正誤を判定せよ。なお，定款に別段の定めはないものとする。

1　株式を併合するには，その都度，併合の割合および株式の併合がその効力を生ずる日を，株主総会の特別決議によって定めなければならない。
2　株式を分割するには，その都度，株式の分割により増加する株式の総数の分割前の発効済株式の総数に対する割合および当該株式の分割に係る基準日ならびに株式の分割がその効力を生ずる日を，株主総会の特別決議によって定めなければならない。
3　株式の無償割当てをするには，その都度，割り当てる株式の数およびその効力の生ずる日を，株主総会の特別決議によって定めなければならない。

（H 26 - 38 改）

　基本的には，株主へ重大な影響があるものほど決議要件が厳しくなり，それほどでもないものは要件が緩やかになります。

● 3-14　株式の併合等の決議機関

	決議機関
株式の併合	株主総会の特別決議
株式の分割	取締役会非設置会社 　→　株主総会の普通決議 取締役会設置会社 　→　取締役会の決議
株式の無償割当て	取締役会非設置会社 　→　株主総会の普通決議 取締役会設置会社 　→　取締役会の決議

　したがって，　設問20　は記述の1が正しく，記述の2，3は誤りであると判断することができます。この辺りは単純に暗記するのではなく，各概念の特徴と株主への影響を正確に捉えておくようにしましょう。

問題 異なる種類の株式及び株式の内容に関する次の記述のうち，会社法の規定に照らし，正しいものはどれか。

1 種類株式発行会社とは，内容の異なる2以上の種類の株式を現に発行する株式会社をいい，発行する旨を定款で定めているだけでは足りない。

2 株式会社は，株主総会のすべての決議事項について議決権を行使することができない種類の株式を発行することはできない。

3 株式会社は，その発行する一部の株式の内容として，譲渡による当該株式の取得について会社の承認を要する旨の定款の定めを設けることができる。

4 公開会社においては，当該種類の株式の種類株主を構成員とする種類株主総会において取締役を選任することを内容とする種類の株式を発行することができる。

5 種類株式発行会社において単元株式数を定める場合，株式の種類ごとに異なる単元株式数を定めることはできない。

(オリジナル)

1　株式会社は，一定の事項について，権利内容等の異なる種類の株式を発行す
✕　ることができる（会社法108条1項）。これは，株式会社の構成員である株主
にも，経済的収益又は経営参加に関して多様なニーズがあり得ることから，
これに応じる趣旨の規定である。そして，剰余金の配当その他の会社法108
条1項各号に掲げる事項について内容の異なる2以上の種類の株式を発行す
る株式会社を種類株式発行会社という（2条13号）。もっとも，種類株式発
行会社においては，定款上，内容の異なる2以上の種類の株式の内容につい
て規定されていれば足り，必ずしも，現に2以上の種類の株式を発行してい
る必要はない。

2　株式会社は，株主総会において議決権を行使することができる事項について
✕　異なる定めをした，内容の異なる2以上の種類の株式を発行することができ
る（議決権制限種類株式　108条1項3号）。例えば，一定の事項についてのみ
議決権を有するものとする種類株式のほか，本肢のように，すべての事項に
ついて議決権がないものとする種類株式（完全無議決権株式）を発行するこ
とができる。

3　株式会社は，その発行する一部の株式の内容として，譲渡による当該株式の
◯　取得について当該株式会社の承認を要する旨の定款の定めを設けることがで
きる（譲渡制限株式　108条1項4号）。なお，種類株式発行会社が発行する種
類株式のうち，一種類でも譲渡制限株式でない株式があれば，その株式会社
は，公開会社となる（2条5号）。

4　公開会社においては，当該種類の株式の種類株主を構成員とする種類株主総
✕　会において取締役又は監査役を選任することを内容とする種類の株式を発行
することができない（108条1項ただし書，9号）。これは，公開会社におい
て種類株主総会による取締役の選任の制度を認めた場合，経営者支配の強化
の目的で当該制度が濫用されるおそれがあるためである。

5　単元株制度とは，定款の定めにより，一定の数の株式を1単元の株式と定
✕　め，1単元の株式について1個の議決権を認め，単元未満の株式には議決権
を認めないこととする制度である（188条1項）。種類株式発行会社において
は，単元株式数は，株式の種類ごとに定めなければならない（同条3項）。
したがって，株式の種類ごとに異なる単元株式数を定めることができる。

以上により，正しいものは3であり，正解は3となる。

到達度チェック ▶▶▶

4. 機　関

➡ 総合テキスト **Chapter 6**，総合問題集 **Chapter 4**

イントロダクション
· ·

　機関は，範囲が広いですが，本試験で出題されるテーマはかなり限定されています。そこで，本章では，機関設計の基本をマスターしたうえで，頻出テーマである株主総会，取締役会，取締役・代表取締役について学習をしていきます。いずれも，基本的な考え方や方向性を身につけていけば，解答を導きやすくなるため，本書でもこれを中心に解説していきたいと思います。

---

① 機関設計のルール

解法の鉄則その1

> ① 株主総会と取締役が必置機関
> ② 大規模経営を予定している会社は，取締役会が必置
> 　→ 委員会系の会社・公開会社を想定する
> ③ 取締役会を置くと，監査体制を強める必要
> 　→ 監査役や委員会系が必置
> ④ 取引額が大きければ，会計監査人が必置
> 　→ 大会社を想定

　まずは，会社法の定める機関設計のルールについて学習していきましょう。**会社法は，機関設計については，基本的に自由な設計を許容**しています。もっとも，何か機関を置いた場合，「それを置くのであれば，これも置いてください」とか，「それを置くのであれば，これは置いてはいけません」というようなルールがあります。会社法の問題を解くうえでは，この基本的なルールをきちんと理解しておく必要があります。

　最初に，機関設計のルールを4-1に列記します。

　この4-1にあるルールを基本的な考え方とともに把握していくようにしてください。

　まず，有無をいわさず記憶しなければならないのが，ルール①の「すべての株

● 4-1　機関設計のルール

① すべての株式会社には，株主総会と取締役とが必要である。
② 公開会社では，取締役会が必要である。
③ 取締役会を設置した場合には，監査役（監査役会），監査等委員会又は指名委員会等・執行役のいずれかが必要である。ただし，大会社以外の非公開会社において会計参与を置いた場合は，この限りでない。
④ 監査役（監査役会）と監査等委員会又は指名委員会等・執行役の両方を置くことはできない。
⑤ 取締役会を設置しない場合は，監査役会，監査等委員会，指名委員会等・執行役を設置することができない。
⑥ 大会社では，会計監査人が必要である。
⑦ 会計監査人を置くためには，監査役（監査役会），監査等委員会，指名委員会等・執行役（大会社かつ公開会社では，監査役会，監査等委員会，指名委員会等・執行役のいずれか）が必要である。
⑧ 会計監査人を置かない場合は，監査等委員会，指名委員会等・執行役を置くことができない。
⑨ 指名委員会等・執行役を置いた場合は，監査等委員会を置くことができない。

式会社には，株主総会と取締役とが必要である」というものです。つまり，**株主総会と取締役が置かれていない株式会社はない**ということです。これが，会社法が唯一要求している必置機関です。

設問1

取締役会または監査役を設置していない株式会社も設立することができる。

(H 19 – 38 – 5)

　4-1のルール①のとおり，株式会社に必ず置かなければならないのは，「株主総会」と「取締役」です。とすれば，これ以外の機関を置くことは任意となり，本問にあるような会社を設立することができるわけです。したがって，本問は正しいです。

　次に，ルール②です。

　1章の公開会社のところで説明したとおり（100頁），**公開会社は，大規模な経営をも予定している会社**でした。**大規模な経営をするためには，業務執行機関を強める必要**があります。そこで，会社法は，「公開会社では，取締役会が必要である」というルールを置いたのです。

設問2

会社法上の公開会社でない会社は，取締役会を置かなければならない。

(司書H 28 - 30 - ウ改)

　本問は，ルール②を理解していれば，判断できる問題です。公開会社でない会社，つまり非公開会社では，取締役会を置かなければならないというルールはありません。したがって，本問は誤りです。

設問3

❶▶ 会社法上の公開会社は，監査役，監査等委員会又は指名委員会等のいずれかを置かなければならない。

(オリジナル)

　公開会社 → 取締役会が必置というルールは本試験でもよく前提とされるので，確実に把握できるようになりましょう。そして，取締役会を設置するということは，大規模な経営を予定していることになりますから，監査体制を強くする必要があります。そこで，監査役または委員会系を置く必要があるわけです。したがって，❶は正しいです。なお，委員会系の会社については，試験対策上はそこまで深く学習する必要はありません。大規模な経営を予定しており，監査体制がとても強い会社だというイメージを持っておけば十分です。

❷▶ 会社法上の公開会社でない会社が取締役会を置いた場合には，監査役，監査等委員会又は指名委員会等のいずれかを必ず置かなければならない。

(オリジナル)

　❶を改題しました。これは典型的なひっかけ問題です。非公開会社は，会計参与を置くことで，監査役等を代替することができます。したがって，本問は誤りです。監査役等を置く必要があるかが問われた場合，「公開会社」であるか，「取締役会」を置いているかをチェックしたうえで，原則的な結論を出します。その後，「非公開会社の例外」を検討するようにしていけばいいでしょう。

設問4

❶▶ 取締役会を置かなくても，監査役会を置くことができる。　(オリジナル)

これは，先ほどの考え方を逆にすればいいだけです。　**設問3**　の❶の考え方は，取締役会を置くということは，業務執行権限を強めて大規模経営をするということだな。だから，監査体制を強めなければならないのだ，というものでした。とすれば，取締役会を置かないのに，監査体制だけ強いのはバランスが悪い。だから，監査役会や委員会系のような強い監査機関は置けないのだというように考えておけばいいです。したがって，　**設問4**　の❶は誤りです。

❷▶ 取締役会を置かなくても，監査役を置くことができる。　　（オリジナル）

　❶を改題しました。今度は，監査役会ではなく，監査役です。これであれば，業務執行権限と監査体制の強さのバランスは悪くありません。したがって，本問は正しいです。

設問5
　大会社には，会計監査人を必ず置かなければならない。（司法H 19 - 41 - 5）

　大会社とは，貸借対照表に資本金として計上した額が5億円以上か，貸借対照表の負債の部に計上した額が200億円以上の会社をいいます。細かいことは覚えなくて構いません。要は，取引が盛んに行われているような会社だとイメージしておいてください。取引が盛んということは，それだけ会計が大きく動くということです。そのため，会社法は，大会社になった場合には，会計監査人を置かなければならないとしました。したがって，本問は正しいです。
　この辺りの考え方が身につけば，あとは容易に問題を解くことができるようになります。

設問6
　監査等委員会設置会社または指名委員会等設置会社は，いずれも取締役会設置会社である。　　　　　　　　　　　　　　　　　（H 28 - 39 - 3）

　委員会を設置している会社は，大規模経営を予定しており，監査体制が強い会社だとイメージしておいてください。大規模な経営を予定しているのであれば，取締役会を置く必要があることは容易に判断できると思います。したがって，本問は正しいです。

監査等委員会設置会社または指名委員会等設置会社は，いずれも会計監査人を設置しなければならない。 (H28-39-5)

こちらも，**委員会を設置している会社は，監査体制が強い会社**だというイメージがあれば，当然に会計監査人も必要であろうと考えることができます。したがって，本問は正しいです。

機関設計のルールは，基本的なものを覚えつつ，各会社のイメージをしっかりと持つことで対応することができます。面倒なところかもしれませんが，本書で説明したことは最低限しっかりと学習してください。

② 株主総会

解法の鉄則 その2
① 株主総会の権限を押さえる
② 株主総会の決議方法・要件を検討する
→ 取締役会と比較すること

機関の代表格である株主総会について検討していきます。
まずは，株主総会の権限について，正確に押さえておきましょう。

設問8

取締役会設置会社の株主総会は，法令に規定される事項または定款に定められた事項に限って決議を行うことができる。 (H26-39-1)

株主総会の権限については，**取締役会を設置している会社であるかどうかが正誤判定のポイント**です。

第295条（株主総会の権限）
1　株主総会は，この法律に規定する事項及び株式会社の組織，運営，管理その他株式会社に関する一切の事項について決議をすることができる。
2　前項の規定にかかわらず，取締役会設置会社においては，株主総会は，この法律に規定する事項及び定款で定めた事項に限り，決議をすることができる。

295条を読んでみてください。

1項のとおり，株主総会は，原則として万能機関であり，なんでも決議をすることができます。もっとも，取締役会設置会社の株主総会は，会社法または定款に規定する事項についてのみ，決議することができます（295条2項）。これは，取締役会設置会社では，会社の運営・管理は基本的に取締役会の責任で行うことが予定されており，株主総会の決議事項が絞り込まれるからです。したがって，本問は正しいです。

次に，決議事項の限定について検討します。この点も，<mark>取締役会を置いているかどうかが正誤判定のポイント</mark>です。

設問9

　取締役会設置会社以外の会社の株主総会においては，招集権者が株主総会の目的である事項として株主に通知した事項以外についても，決議を行うことができる。
(H 26 - 39 - 2)

4章の最初で説明したとおり（141頁），取締役会を設置する会社は，大規模な経営を予定しています。すると，予定外の決議事項まで株主総会で決議することができるというような柔軟な対応はなかなか難しいわけです。逆にいえば，取締役会を設置していない会社は，比較的小規模な経営が想定されています。家族経営の会社のようなイメージを持っておくとよいでしょう。小規模な会社だと，予定外の事項についても急遽話し合う場を持つというように柔軟な対応がとりやすいということになります。そのため，本問のように，「招集権者が株主総会の目的である事項として株主に通知した事項以外についても，決議を行うことができる」ことになっています。したがって，本問は正しいです。

さらに，株主総会の決議方法と決議要件について検討していきましょう。ここは，**解法の鉄則その2**の②でも示したように，重要なところです。

まずは，決議方法です。ここは，取締役会の決議方法と比較をすることによってイメージをつかむことができます。

比較しておくポイントは，株主総会が株主という出資者が集まる会であり，取締役会は，取締役という会社役員が集まる場だということです。当たり前のことなのですが，要は，株主総会は，<mark>出資者様にお越し頂くというイメージ</mark>であり，取締役会は，<mark>取締役たちが仕事として集まるというイメージ</mark>であるということです。

また，株主総会では，<mark>株主は1株1議決権という形式で権利を行使</mark>しますが，

取締役会では，**取締役は1人1議決権という形式で権利を行使**します。これを意識して問題を読んでいけば，容易に解答を導くことができます。

● 4-2　株主総会と取締役会の議決権の比較

	株主総会	取締役会
性　格	権利として行使	職務の一環として行使
数の基準	1株1議決権 →　没個性的である	1人1議決権 →　個性が重視される

設問10

❶▶ 株主は，株主総会ごとに代理権を授与した代理人によってその議決権を行使することができる。　　　　　　　　　　　　　　　　　　　（R2 - 39 - 3）

　株主総会では，株主本人が出席できない場合に，代理人による議決権行使を認めています。したがって，❶は正しいです。

❷▶ 取締役は，取締役会ごとに代理権を授与した代理人によってその議決権を行使することができる。　　　　　　　　　　　　　　　　　（R2 - 39 - 3改）

　株主総会に対して，取締役会では，取締役は職務執行の一環として議決権を行使します。とすれば，代理人を使って議決権を行使するということは職務執行の怠慢なのではないかということになります。このような考え方から，取締役会では，取締役が代理人を使って議決権を行使することはできないとされています。したがって，❷は誤りです。

設問11

❶▶ 株主は，その有する議決権を統一しないで行使することができる。

　　　　　　　　　　　　　　　　　　　　　　　　　　　　　（オリジナル）

　株主の議決権は，**1株1議決権**です。とすれば，例えば，100株を有している株主が，70株を賛成に，30株を反対にまわそう，とすることは理論上可能なわけです。会社法上も，議決権の不統一行使が認められています（313条1項）。したがって，❶は正しいです。

❷▶ 取締役は，その有する議決権を統一しないで行使することができる。

（オリジナル）

　これに対して，取締役の議決権は，**1人1議決権**です。「1人」とされていますから，理論上，分けて不統一で行使をすることが考えられません。したがって，**❷**は誤りです。

　設問12 は，4-2に整理した内容がしっかりと身についていることを前提に，問題を検討していきます。

設問12

❶▶ 株主総会の決議について特別の利害関係を有する者が議決権を行使した場合には，株主は，株主総会の決議の方法が著しく不公正であることを理由として，訴えをもって株主総会の決議の取消しを請求することができる。

（司書H18-34-エ）

　取締役会決議においては，特別利害関係人である取締役は議決権を行使できない（369条2項）のと異なり，株主総会では，特別利害関係人である株主であっても一般に議決権を行使できます。したがって，本問の場合，**「決議の方法が著しく不公正」** ではあるとはいえない（831条1項1号）ので，**❶**は誤りです。

　この結論は，先ほどまでの視点と同様に，株主の議決権は1株1議決権であり，株主の議決権行使は没個性的なものだということからも説明できますが，以下のような説明がより正確なものです。もっとも，試験対策上はそこまでの理解は不要なので，興味があれば目をとおしてください。

　　議決権を含む株主の権利は，基本的に株主自身の利益を守るためのものであるので，利害関係があるからといって直ちに権利の行使を禁じるわけにはいかないといえます。もっとも，会社法は，それによって **「著しく不当な決議」** がされた場合に決議を取り消せるものとして，会社ひいては他の株主の利益を保護しています（831条1項3号）。

❷▶ 株主総会における取締役の選任決議において，選任候補者である株主は議決権を行使することができるが，取締役会における代表取締役の解職決議において，解職候補者である代表取締役は議決権を行使することができない。

（オリジナル）

❶で検討したとおり，株主総会決議においては特別な利害関係を有している株主も議決権を行使することができます。一方で，取締役会においては，特別な利害関係を有する取締役は議決権を行使することができません。したがって，❷は正しいです。

　この結論も，先ほどの説明と同様に，取締役会の決議は1人1議決権とされているので，その個性が重要視されている，ということからも説明できますが，以下のような説明がより正確です。もっとも，❶と同様に，試験対策上はそこまでの理解は不要なので，興味があれば目をとおしてください。

　　先述したとおり，株主は権利の一環として株主総会で議決権を行使しますが，取締役は職務の一環として取締役会で議決権を行使するため，特別利害関係人にあたる取締役による議決権行使は徹底的に排除しなければならないからです。そして，代表取締役の解職決議において，当の本人である代表取締役が利害関係を有することは明らかですから，特別な利害関係を有する者として議決権を行使することができないわけです。

　さて，この利害関係を有する者については，あと2つ重要な検討事項がありますので，あわせて考えておきましょう。

---

　❸▶ 株主総会の決議について特別の利害関係を有する者が議決権を行使したことによって著しく不当な決議がされた場合，株主は，これを理由として，訴えをもって株主総会の決議の取消しを請求することができる。

（司書H18−34−エ改）

---

　❶を改題しました。株主総会においては，特別な利害関係を有する者でも議決権を行使することができますが，これにより「著しく不当な決議」がされた場合には，株主総会の決議取消事由に該当します。したがって，❸は正しいです。

　このように，株主は，特別な利害関係を有している場合でも，議決権を行使できる → もっとも，著しく不当な決議がされた場合には，決議取消事由に該当するというように考えるようにしましょう。

---

　❹▶ 株主総会における取締役の選任決議において，選任候補者である株主は議決権を行使することができるが，取締役会における代表取締役の選定決議において，選定候補者である取締役は議決権を行使することができない。

（オリジナル）

❷を改題しました。「代表取締役の解職決議」が「代表取締役の選定決議」になっています。代表取締役の選定については，候補者である取締役は特別利害関係人にあたらないと一般に解されています。そのため，この場合には，議決権を行使することができるということになります。したがって，❹は誤りです。

特別な利害関係については，設問12 のような問題を想定しておけば，本試験でもしっかりと対応することができるはずです。

最後の検討事項は，決議要件です。

ここは，どの内容の場合，どの決議が必要かということがひたすら出題されていますので，この点をしっかりと記憶することが要求されます。

4-3と4-4に整理しました。これを前提に，試験でよく問われる決議内容及び注意するポイントを把握すれば解法が完成します。

では，普通決議の問題から見ていきましょう。

● 4-3　株主総会の決議要件

	普通決議	特別決議	3項特殊決議	4項特殊決議
定足数	議決権を行使することができる株主の議決権の過半数を有する株主の出席 ※　定款で排除可	議決権を行使することができる株主の議決権の過半数を有する株主の出席 ※　定款で3分の1まで軽減可		
議決数	出席した株主の議決権の過半数	出席した株主の議決権の3分の2以上 ※　定款でこれを上回る割合を定めることも可	議決権を行使することができる株主の半数以上（これを上回る割合を定款で規定可）であって，かつその株主の議決権の3分の2以上（これを上回る割合を定款で規定可）の多数	総株主の半数以上（これを上回る割合を定款で規定可）であって，かつ総株主の議決権の4分の3以上（これを上回る割合を定款で規定可）の多数

特別決議	① 譲渡制限株式の株式会社による買取決定等 ② 特定の株主からの自己株式取得に関する決定 ③ 全部取得条項付種類株式の取得決定及び譲渡制限株式の相続人に対する売渡請求の決定 ④ 株式の併合 ⑤ 非公開会社での募集株式の発行における募集事項の決定及び募集事項の決定の委任，非公開会社における株主割当ての決定，譲渡制限株式である募集株式の割当ての決定，譲渡制限株式である募集株式の総数引受契約 ⑥ 非公開会社での新株予約権の発行における募集事項の決定及び募集事項の決定の委任，非公開会社における新株予約権の株主割当ての決定，譲渡制限株式を目的とする募集新株予約権等の割当ての決定，譲渡制限株式を目的とする新株予約権の総数引受契約 ⑦ 監査等委員である取締役の解任決議，累積投票によって選任された取締役の解任決議，監査役の解任決議 ⑧ 役員等の会社に対する損害賠償責任の一部免除 ⑨ 資本金の額の減少（ただし，定時株主総会における普通決議の場合あり） ⑩ 現物配当で，かつ株主に対して当該配当財産に代わる金銭分配請求権を与えない場合の剰余金配当決議 ⑪ 定款の変更，事業の譲渡等，解散についての規定により，株主総会の決議を要する場合 ⑫ 組織変更，合併，会社分割，株式交換及び株式移転についての規定により，株主総会の決議を要する場合
3項 特殊決議	全部の株式の内容として譲渡制限の定款の定めを設ける定款変更等の株主総会の決議 ※ この決議事項としては，上に挙げたもののほか，一定の場合における吸収合併契約書等の承認等や，一定の場合における新設合併契約等の承認の株主総会の決議が挙げられている
4項 特殊決議	非公開会社において，105条1項各号に規定されている株主の権利について株主ごとに異なる取扱いを行う旨の属人的な定款の定め（109条2項）を設ける定款変更を行う場合

設問13

❶▶ 監査役を選任するには，株主総会の普通決議をもって行われなければならない。
(H 27 - 39 - 1 改)

決議要件の問題は，①決議要件と内容が整合しているか，②決議要件そのもの

が合っているかを検討する必要があります。

　本問では、「監査役を選任する」ことが決議内容となっています。監査役に限らず、一般的に役員関連の選任決議は株主総会の普通決議です。とすれば、本問は、決議要件と内容が整合していることがわかります。したがって、❶は正しいです。

❷▶ 監査役を解任するには、株主総会の特別決議をもって行わなければならない。　　　　　　　　　　　　　　　　　　　　　　　（H 27 - 39 - 4 改）

　❶を、「監査役を解任する」に改題しました。基本的に役員の選任と解任は、株主総会の普通決議なのですが、監査役の解任決議は例外的に株主総会の特別決議が必要だとされています（4-4特別決議の⑦）。監査役の職権の独立性や身分を保障するためです。したがって、❷は正しいです。これを普通決議に替えて出題するのは典型的なひっかけ問題なので、必ず押さえておきましょう。

設問14

　株式会社がその発行する全部の株式の内容として譲渡制限株式に関する規定を設けることとした場合、株主総会において、議決権を有する株主の半数以上が出席し、出席した当該株主の議決権の3分の2以上の決議をもって行われなければならない。　　　　　　　　　　　　　　　　　　　　　　　（オリジナル）

　今度は、「発行する全部の株式の内容として譲渡制限株式に関する規定」を設定しようとする場合です。この場合、株主総会のいわゆる3項特殊決議が必要です。本問は、パッと読んだ感じでいくと、正しいような気がします。しかし、その決議要件そのものをもっと注意深く読んでみてください。4-3にあるように、3項特殊決議は、「議決権を有する株主の半数以上であって、当該株主の議決権の3分の2以上に当たる多数」によるものです。本問のように、「半数以上が出席」することではありません。**定足数がないのがこの決議の特徴**です。本問は、決議要件そのものが違っていますので、誤りです。この辺りは、微妙な言葉のひっかけがあり得るので、かなり注意深く問題を読む必要があります。

設問15

　公開会社でない株式会社が株主総会の議決権について株主ごとに異なる取扱

いを行う旨の定款の定めを設ける場合，株主総会において，議決権を有する株主の過半数であって，出席した当該株主の議決権の4分の3以上の決議をもって行われなければならない。

(オリジナル)

本問のような定款変更をする場合，株主総会において，いわゆる4項特殊決議が必要です。**4-3**を再び確認してください。そのうえで，本問の決議要件と注意深く見比べると，「議決権を有する株主」ではなく総株主ですし，「過半数」ではなく半数ですから，いずれも4項特殊決議の内容としては間違っていることがわかります。したがって，本問は誤りです。

③ 取締役

> **解法の鉄則 その3**
>
> ① 資格・員数について検討する
> ② 業務執行・代表権について検討する
> → 取締役会設置会社か非設置会社かがポイント
> ③ 利益相反取引・競業取引を検討する
> → 利益相反取引該当性を判断する
> → 競業取引の出題ポイントは限定されている

機関の最後に，取締役を検討します。

本試験でも頻出テーマであり，かつ，他の機関を学習する際も，取締役を軸にして比較をしていくことになります。基本的な考え方とともに，出題のポイントを把握していきましょう。

設問16

株式会社は，破産手続開始の決定を受け，復権していない者を取締役として選任することができる。
(司法H18-44-4)

● 4-5 取締役の欠格事由

① 法人
② 会社法関連の法律違反による刑の執行が終わり，または執行を受けることがなくなった日から2年を経過しない者
③ その他の法律違反で禁錮以上の刑に処せられ，執行の終わっていない者

取締役の資格については，３つの典型的なひっかけポイントがあります。①取締役になるための積極的な資格は不要，②未成年者・成年被後見人等の制限行為能力者もなれる，③破産手続開始決定を受けても欠格事由には該当しない，という３点です。

取締役の資格について問われた場合には，この３つのことを検討していくようにすればいいでしょう。本問は，破産手続開始の決定を受けただけなので，取締役の欠格事由には該当しません。したがって，本問は正しいです。

次に，員数について検討します。

設問17

❶▶ 株式会社は，取締役を２名以上置かなければならない。(H 29 - 40 - エ改)

会社法は，取締役の員数について特別の規定を設けていません。つまり，取締役は１名置いていればよいということです。したがって，❶は誤りです。

❷▶ 株式会社は，取締役会を置いた場合には，取締役を３名以上選任しなければならない。
(オリジナル)

取締役「会」に着目してください。「会」というくらいですから，この場合は，３名以上の選任が必要です。したがって，❷は正しいです。

次に，取締役の業務執行権・代表権について検討していきます。ここのポイントも，取締役会を設置しているか否かです。

設問18

❶▶ 取締役会設置会社の代表取締役以外の取締役には，当該会社の代表権も業務執行権も当然には与えられていない。
(H 23 - 39 - 2)

❷▶ 取締役会設置会社以外の会社の取締役は，代表取締役が他に選定されても，業務執行権は当然には消滅しない。
(H 23 - 39 - 3)

取締役会設置会社の場合，各取締役は，業務執行の意思決定にかかわるだけであり，基本的に業務執行権限・代表権ともにありません。これに対して，取締役会非設置会社の場合，各取締役は，基本的に業務執行権限・代表権ともにあります。各自が会社を代表して業務執行を行うイメージです。

したがって，**設問18** の❶，❷はいずれも正しいと判断することができます。

● 4-6　業務執行・会社の代表

	取締役会非設置会社	取締役会設置会社 （指名委員会等設置会社を除く）
会社の業務執行	・原則：各取締役 ・2人以上いる場合は過半数で決定 ・定款で別段の定め可	取締役会が意思決定し，代表取締役，業務執行取締役が執行
会社の代表	・原則：各取締役 ・代表取締役等を定めた場合は，その者	代表取締役

最後に，**解法の鉄則その3** の③に挙げた利益相反取引・競業取引について検討して，商法を終了します。

利益相反取引・競業取引を検討する際には，①当該取引の手続，②当該取引の該当性をチェックしていくようにしてください。

設問19

❶▶ 取締役会設置会社において，取締役が自己または第三者のために会社と取引をしようとするときには，その取引について重要な事実を開示して，取締役会の承認を受けなければならない。　　　　　　　（H25-39-ア）

❷▶ 取締役会設置会社において，会社が取締役の債務を保証することその他取締役以外の者との間において会社と当該取締役との利益が相反する取引をしようとするときには，その取引について重要な事実を開示して，取締役会の承認を受けなければならない。　　　　　　　（H25-39-ウ）

❸▶ 取締役会設置会社において，取締役が自己または第三者のために会社の事業の部類に属する取引をしようとするときには，その取引について重要な事実を開示して，取締役会の承認を受けなければならない。（H25-39-オ）

❶❷は，利益相反取引，❸は競業取引にあたります。利益相反取引や競業取引は，当該取引を行う取締役が所属する会社に損害を与える可能性のあるものです。そのため，当該取引を行う際には，会社の承認を得る必要があるわけです。

どの機関の承認を受けるかは，**取締役会が設置されているか否かがポイント**です。取締役会設置会社においては，取締役会の承認を得る必要があるのです。したがって，（設問19）はすべて正しいです。

● 4-7　利益相反取引・競業取引をする際の手続

	取締役会非設置会社	取締役会設置会社
事前の承認	株主総会の普通決議	取締役会
報　告	規定なし	取引後遅滞なく，取締役会へ報告しなければならない

次に，取引後の手続について見ていきます。利益相反取引・競業取引は承認を得たから終了というわけにはいかず，その取引内容を報告する必要があるのです。問題を解く際は，この点を忘れずにチェックしましょう。

（設問20）

❶▶ 取締役会設置会社の代表取締役Aが，取締役会の承認を得て，会社から金銭の貸付を受けた。この場合，Aは，事後にその貸付に関する重要な事実を取締役会に報告しなければならない。　　　　　　　　（H19 − 39 − 1改）

本問は，取締役会の承認を得て取引を行っているため，この点は特に問題となりません。そして，承認を得ていたとしても，その取引内容は事後的に報告をする必要があります。したがって，❶は正しいです。

❷▶ 取締役会非設置会社の代表取締役Aが，株主総会の承認を得て，会社から金銭の貸付を受けた。この場合，Aは，事後にその貸付に関する重要な事実を株主総会に報告しなければならない。　　　　　　　　（H19 − 39 − 1改）

❶を改題したものですが，本問も取締役会が設置されているかがポイントの問題です。取締役会が設置されていない場合，4-7のとおり，**株主総会での承認 → 報告義務なし**というルートを辿ることになります。本問は「取締役会非設置会社」です。したがって，❷は誤りです。

次に，取引の該当性について検討していきます。

競業取引は，**取締役の属する会社の事業の部類に属する取引**ですから，具体的な該当性の判断が求められることはほぼあり得ません。そのため，解法として

は，次の２つのようなひっかけ問題にだけ注意を払っておけばよいでしょう。

設問21

株式会社の代表取締役が，当該会社と同種の事業を営む他の株式会社の取締役に就任することは競業取引に該当するため，会社法所定の手続を経る必要がある。 (司書H 14 - 30 - ア改)

「同種の事業を営む」というところから，競業取引であるような問題設定になっています。もっとも，本問は，同種の事業を営む会社の取締役に「就任する」のみであり，まだ取引自体を行っていません。したがって，まだ競業取引には該当しませんから，本問は誤りです。

それでは，利益相反取引の検討に入りましょう。利益相反取引の該当性は，競業取引と異なり，4-8のように知識を整理して，正確に判断できるようになる必要があります。判断のポイントは，民法における利益相反行為と同様に，客観的に見て，会社にとってマイナス，取締役にとってプラスになっているかどうかです。この点を意識しながら覚えていくようにしましょう。

● 4-8 利益相反取引の該当性

該 当	不該当
① 取締役と会社との間の売買契約 ② 会社から取締役への贈与 ③ 取締役から会社への利息付の金銭貸付 ④ 取締役が会社に対して負担する債務の免除 ⑤ 会社から取締役への約束手形の振出し ⑥ 会社が取締役の第三者に対して負う債務について保証する場合	① 会社又は取締役の債務の履行 ② 取締役から会社への負担のない贈与 ③ 取締役から会社への無利息・無担保の金銭貸付 ④ 株主全員の同意がある場合 ⑤ 取締役が会社の株式全部を所有

設問22

甲株式会社の代表取締役Aは，甲株式会社に対して，無利息かつ無担保で金銭の貸付けをする行為は，利益相反取引に該当する。 (司書H 24 - 30 - エ改)

会社と取締役が取引を行っていることから，利益相反取引に該当するようにも思えます。もっとも，本問は，取締役が会社に対して，「無利息かつ無担保」で

金銭を貸し付けています。この場合，会社にとっては有用な資金を無利息・無担保で貸し付けてもらっていますから，少なくともマイナスにはなっていなさそうです。一方，取締役は，金銭を貸し付けたところで利息等を取ることもできないのですから，特にプラスになっているところはありません。したがって，本問の場合，利益相反取引には該当しません。よって，本問は誤りです。

総合問題に 挑戦

> **問題** **取締役会設置会社における株主総会と取締役会に関する次の記述のうち，誤っているものはどれか。**
>
> 1 株主総会の決議について特別の利害関係を有する株主は，原則として株主総会において議決権を行使することができるのに対し，取締役会の決議について特別の利害関係を有する取締役は，取締役会において決議に加わることができない。
>
> 2 株主は，株主総会の決議において代理人によって議決権を行使することができるが，取締役は，取締役会の決議において代理人によって議決権を行使することはできない。
>
> 3 株主は，原則として株主総会の決議において1株につき1つの議決権を有するが，取締役は，取締役会の決議において1人につき1つの議決権を有する。
>
> 4 株主総会は，株主の全員の同意があったとしても，招集手続を経ることなく開催することはできないが，取締役会は，取締役の全員の同意があるときは，招集手続を経ることなく開催することができる。
>
> 5 株主総会の招集通知には議題等を示す必要があるが，取締役会の招集通知には議題等を示す必要はない。
>
> (オリジナル)

1　株主は，原則として，決議について特別の利害関係を有する場合も議決権を
○　行使することができ，その結果著しく不当な決議がなされたときに決議取消
　　原因となるにすぎない（会社法831条1項3号）。株主は，自己の経済的利益
　　を図るために株主になっているからである。これに対して，取締役は，決議
　　について特別の利害関係を有する場合，議決に加わることができない（369
　　条2項）。取締役は，株主と異なり，会社の受任者として会社の利益のため
　　に議決権を行使しなければならないからである。

2　株主は，会社の実質的所有者として議決権行使の機会を保障されるべきであ
○　るから，代理人によって議決権を行使することができる（310条1項前段）。
　　これに対して，取締役は，個人的信頼に基づいて選任された会社の受任者で
　　あるから，他人に議決権の代理行使をさせることは許されない。

3　株主はその取得する株式数に応じて会社資本に寄与しており，それに応じた
○　発言権を与えられるべきであることから，原則として1株につき1つの議決
　　権が与えられる（一株一議決権の原則　308条1項本文）。これに対して，取締
　　役は，序列をつけて選任されるものではなく，平等の立場で株主から経営を
　　委託された者であるから，取締役1人につき1つの議決権が与えられる。

4　株主総会は，株主の全員の同意があるときは，書面又は電磁的方法による議
✕　決権の行使を定めたときを除き，招集の手続を経ることなく開催することが
　　できる（300条）。また，取締役会も，取締役（監査役設置会社にあっては，
　　取締役及び監査役）の全員の同意があるときは，招集の手続を経ることなく
　　開催することができる（368条2項）。

5　株主総会を招集するには，株主に総会の準備をさせるため，招集通知に議題
○　等を示さなければならない（298条1項2号，299条4項）。これに対して，取
　　締役会は，業務執行に関する様々な事項が付議されるのが通常であり，取締
　　役も当然にこれを予想すべきであるから，招集通知に議題等を示す必要はな
　　い。

　　以上により，誤っているものは4であり，正解は4となる。

到達度チェック ▶▶▶

■ 制度趣旨から考えることの重要性

　商法は，制度趣旨からさかのぼって考えることで解くことができる問題が多いです。また，制度趣旨を覚えていれば，択一問題も解きやすくなり，むやみやたらに細かい知識を暗記する必要性が減ります。制度趣旨は何なのかを意識しながら学習を進めましょう。

　例えば，会社法には４倍ルールというものがあります。発行可能株式総数は発行済株式の４倍を超えてはならないというルールです。このルールは公開会社のみに適用され，非公開会社には適用されません。なぜでしょうか。

　４倍ルールの制度趣旨は，既存株主を保護することにあります。

　例えば，発行済株式500株のうち株主Aは100株を持っていたとします。この場合に，Aの持株比率は20％になります（500株中の100株＝20％）。

　そして，このとき，４倍ルールのもとでは，定めることのできる発行可能株式総数は2000株が限度となります（500株×４＝2000株）。発行可能株式総数が最大の2000株と定められていたとして，新株発行をすることができるのは，あと1500株のみです（2000株－発行済株式総数500株＝1500株）。この1500株すべてについてA以外の者に新株が発行されたときであっても，Aの持株比率は5％に低下するにとどまります（2000株中の100株＝5％）。

　一方で，仮に４倍ルールが存在せず，発行可能株式総数に制限がなかった場合には，発行可能株式総数を100000株とすることさえ不可能ではないことになります。そして，発行可能株式総数が100000株と定められていたとするならば，新株発行をすることができるのは，あと99500株です（100000株－発行済株式総数500株＝99500株）。この99500株すべてについてA以外の者に新株が発行されたとき，Aの持株比率は0.1％まで低下することになってしまいます（100000株中の100株＝0.1％）。

発行済株式総数：500株
株主Ａ：100株＝持株比率20％

【４倍ルールあり】
発行可能株式総数：最大2000株まで
新株1500株発行した場合　→　発行済株式総数：2000株
株主Ａ：100株＝持株比率：5％

【４倍ルールなし】
発行可能株式総数：制限なし（100000株とするのも可）
新株99500株発行した場合　→　発行済株式総数：100000株
株主Ａ：100株＝持株比率：0.1％

　４倍ルールが存在する場合には，既存株主Ａの持株比率は，少なくとも5％までは維持することができるのに対し，４倍ルールが存在しない場合には，際限なく低下させられてしまうおそれがあります。

　このように，４倍ルールは既存株主の持株比率の低下に歯止めをかけることで既存株主を保護する趣旨を有しています。

　非公開会社は，株式発行につき，原則として株主総会の特別決議が必要であるため，株主の知らぬ間に株式が大量発行され，既存株主の持株比率が低下しているということはありません。一方で，公開会社は，取締役会の決定のみで株式を発行し得るため，株主の知らぬ間に株式の大量発行がなされ，既存株主の持株比率を下げられてしまうことがあります。そのため，公開会社では４倍ルールが適用され，既存株主の保護がされています。

　４倍ルールが公開会社のみに適用されるものなのか忘れてしまった場合でも，制度趣旨を考えることで，公開会社のみに適用されていたことを思い出すことができると思います。

一般知識等

1. 政経社・情報関連

⇒ 総合テキスト **Chapter 1〜4**, 総合問題集 **Chapter 1〜4**

> ### イントロダクション
>
> 　一般知識等の問題の中でも対策が難しいのが, 政治・経済・社会及び情報関連の出題です。これらの分野は, 出題範囲が不明瞭であるため, 学習の射程を絞り込むことが困難です。そこで, 本章では, 全く知らないテーマや知識がない問題に対して, どのように対処していけばいいのか, その解法テクニックを紹介します。
>
> 　なお, 情報関連の中でも, 個人情報保護法は, 学習法や解法の鉄則が, 憲法・行政手続法等と全く同じであること, 学習の射程が明確であることから, 本書では取り上げていません。個人情報保護法に関しては, 『うかる! 行政書士 総合テキスト』および『うかる! 行政書士 総合問題集』に掲載されていますので, 最新の傾向をそちらで学習してください。

解法の鉄則

① **データ・数字の読み取り方を把握する**
② **出題テーマの方向性を確定させる**
③ **即効性のある解法を知っておく**

　一般知識等科目は, 前提として, 過去問の頻出事項を中心に知識面を広げておき, 後述する文章理解の問題をしっかりと得点していけば, いわゆる基準点を割る可能性はほとんどなくなります。そのため, まずは, 過去問の出題テーマについてしっかりと学習すること, そして, その周辺知識をできる限り見ていくようにすることが何よりも重要です。

　もっとも, それ以外の問題を全くの勘に頼り, 試験対策をしないというのも抵抗があると思います。

　そこで, 本章では, 全く知らない事柄に対しても, ある程度対応できるような解法テクニックを紹介しておきます。

　最初に **解法の鉄則** の①に示したデータ・数字の読み取り方について, 簡単に考えていきましょう。

設問1

　日本における高齢者（65歳以上）に関する次のア〜エの記述のうち，誤っているものの組合せはどれか。

ア　平成29（2017）年10月1日現在の高齢者人口は，人口全体の4分の1を超えている。

イ　平成29（2017）年の国別高齢化率で，日本はドイツ，イタリアに次いで世界第3位，アジア圏では第1位である。

ウ　平成27（2015）年の都道府県別の高齢者人口統計によれば，高齢者人口が最も多いのは東京都である。

エ　平成28（2016）年の一般刑法犯検挙人員中，年齢別分布で見ると20歳代のグループに次いで65歳以上のグループが第2位を占めている。

1　ア・ウ
2　ア・エ
3　イ・ウ
4　イ・エ
5　ウ・エ

（H27-53改）

　まず，記述アは，過去問でもよく出題されている知識です。2017年の高齢者人口は3514万人，総人口に占める割合は27.7％となり，人口全体の4分の1を超えています。したがって，記述アは，簡単に正しいと判断することができます。こういう過去問で問われている内容は，迷うことなく判断し，正しい記述として最初にしっかりと絞り込んでいくことが正解を導くための第一歩です。

　これで，解答は，3，4，5に絞られました。

　次に，記述ウを検討します。記述ウを知識として持っていたという受験生は皆無のはずです。本試験後の正答率データによると，本記述を誤りとしてしまった受験生が多かったようです。これは，本試験におけるデータの読み取り方に問題があります。おそらく，これを誤りとした受験生の思考は，高齢者はいわゆる地方で大きな問題となっているはず　→　東京都は首都圏　→　これは違う気がする，というものだと思います。この考え方自体は正しいのですが，本記述との関係では，あまり良くない思考です。というのも，本記述で判断すべきポイントは，高齢者人口数であり，高齢化人口率ではないからです。高齢者人口率でいえば，地

方都市のほうが東京都よりも高いということは十分あり得るでしょう。しかし，本記述で判断すべきポイントは，高齢者人口数です。東京都の人口は，約1400万人です。この数を考えれば，高齢者人口数も自然と多くなるはずです。したがって，最も多いのは東京都であるとするこの記述は，どちらかというと正しいと判断すべきなのです。

　このように，データを読み取る際には，"数"なのか"率"なのかということに注意を払うようにしておきましょう。

　記述エも同じ要領で考えることができます。犯罪検挙人員数について見たことがあるという受験生は少ないと思います。もっとも，ここも20歳代と65歳以上のグループの数に着目をすれば，誤りではないかという予測が働きます。少子高齢化が問題となっている過去問はよくあるので，学習していますよね。実際，20歳代の人口数は，約1300万人程度ですが，65歳以上の人口数は，約3500万人以上です。20歳代の人口の約3倍いるということになるわけです。とすれば，犯罪検挙人員数についても，20歳代のグループと65歳以上のグループを比べてみたときに，20歳代のグループのほうが多いとは考えにくいですよね。そのため，記述エは誤りではないかという予測が働きます。

　以上により，正解は，選択肢4であると考えることができます。

　本問をとおして，データの読み取り方や事前の準備を学んでおいてください。

設問2

　2015年夏に成立し公布された改正公職選挙法*による参議院選挙区選出議員の選挙区・定数の改正および改正後の状況に関する次の記述のうち，妥当でないものはどれか。

1　選挙区のあり方を見直す必要性を指摘した最高裁判所判決が改正より前に出ていた。
2　定数が増加した選挙区はいずれも三大都市圏にある。
3　定数が減少した選挙区はいずれも三大都市圏にない。
4　区域が変更された選挙区が中国地方と四国地方に生じた。
5　改正後も全国の選挙区の総定数に変更は生じていない。

（注）＊　公職選挙法の一部を改正する法律（平成27年法律第60号）による改正後の公
　　　　職選挙法

(H 28 - 48)

　設問2 は，公職選挙法の改正に関する問題です。

選挙制度は、本試験の頻出テーマの1つですから、細部まで学習しているはずです。したがって、本来は、本問は知識的に明確に知っている必要があります。もっとも、学習時間がなかなか取れないという場合、ここまでの最新情報まで学習しきれていないという受験生も多いでしょう。そのような場合でも、本書で扱うようなデータの使い方を学習しておくことで、正解に近づくことが可能です。

まず、記述の1は過去問をやっていれば、持っている知識で解けますので、簡単に正しいと判断できます。本書で紹介している解法は、あくまでも過去問をすでにやっていて、その知識がきちんとあることが前提です。こういう選択肢の正誤を確実に判断して切れるように、『うかる！ 行政書士 総合テキスト』や『うかる！ 行政書士 総合問題集』をしっかりと学習するようにしましょう。

それでは、ここから議員定数の増減について、データとの相関関係を考えてみます。議員定数の増減と人口との関係は、憲法で学習をしているとなんとなくわかると思います。

一般的に、大都市圏では、人口数と比較して議員定数が少ないことがあります。要は、人口が多いにもかかわらず、議員定数がそれに比例していないため、不均衡が生じるわけです。とすれば、議員定数の調整は、大都市圏を増やす方向に、地方を減らす方向に働くものと考えることができるでしょう。

これを前提に選択肢を検討してみましょう。

2の記述は、定数を増加した選挙区についてが判断ポイントです。先ほどの考え方によれば、定数を増加するということは、大都市圏の選挙区であることが推測できます。とすれば、「いずれも三大都市圏にある」とするこの2は正しいのではないかと考えることができるわけです。もっとも、この2は、もう少し深く検討する必要があります。と言うのも、大都市圏というのは、本当に、三大都市圏に限られるのでしょうか。つまり、首都圏・中京圏・近畿圏だけなのかということです。ここまで考えることができれば、福岡・広島・宮城・北海道のような100万都市を抱えるところがあることに気づくでしょう。すると、これらの都市圏でも定数を増加させた可能性がありますから、正しいとは言いきれないとしておくのが妥当です。

3の記述も、同様に考えます。定数が減少したということは、大都市圏ではなく、地方であることが推測できます。とすれば、「いずれも三大都市圏にない」とするこの3も正しいのではないかと考えることになります。このように、過去問を通じて、データを読み取る際の視点を学んでおくことが重要です。同じ知識が問われることは少ないですが、同じ思考は要求されることが多いのです。

4の記述では、2や3のような定数の増減から、その地域を限定していく手法

が使えません。したがって、これは△として保留にしておきます。

　5の記述は、総定数の変更に関してが判断ポイントであり、これは本試験に向けて重要な知識として学習すべきことですから、きちんと正しいと判断できなければなりません。

　以上により、妥当でない選択肢は2ではないかと考えることができます。

　次に、一般知識等の問題は、日本国内のことに限らず出題されるため、世界規模の感覚を身につけていきましょう。

設問3

❶▶ TPP協定に参加する国々のGDPを合計した値は、世界各国のGDP合計値の5割を超えており、TPP協定によって世界最大の自由貿易圏が誕生することとなる。　　　　　　　　　　　　　　　　　　　　（H 28 - 50 - ウ）

❷▶ 2010年代の日本の貿易において、輸出と輸入を合わせた貿易総額が最大である相手国は中国である。　　　　　　　　　　　　　　（H 30 - 50 - 1）

設問3 は、出題当時の内容をもとに検討します。

❶では、TPP協定の総合計GDP値が問われています。このような問題に対応するためには、世界規模の感覚をつかんでおく必要があります。世界の国々のGDP値のランキングは、なんとなくであっても把握しているでしょうか。年度によって多少の違いはありますが、大体のイメージとしては、次のようになります。

● 1-1　**2020年GDPより**

第1位　アメリカ
第2位　中国
第3位　日本
第4位　ドイツ
第5位　イギリス
第6位　インド

　これが世界規模を把握する一指標となります。TPP協定には、オーストラリア、ブルネイ、カナダ、チリ、日本、マレーシア、メキシコ、ニュージーランド、ペルー、シンガポール、ベトナムが参加を表明しています。ですが、アメリカや中国、ドイツ等のGDPの上位国が入っていません。とすると、GDP合計値

が5割を超えるというのは，かなり言い過ぎていることがわかるでしょう。したがって，本問は誤りです。

❷は，ノーヒントという感じの問題ですが，「貿易総額が最大」というところに着目することが重要です。国の規模が大きくかつ先進的な国との取引が最大になるはずですから，筆頭として挙がってくるのは，アメリカ・中国でしょう。フランスやドイツなどのヨーロッパ諸国も候補として考えられますが，規模から考えるとアメリカ・中国には及ばないといえそうです。このように，ランキングを推測する場合，常に世界の規模を念頭に置くことが重要です。

もう1つ，世界の規模を把握する際に必要な視点があります。それは，経済の歴史です。例えば，日本でいえばバブル崩壊等の事件です。こういった経済上の主要な歴史を把握しておくと，その頃の世界の規模を正確に推測することが可能です。2010年前後といえば，中国が経済的に台頭してきたこと，また，2008年にリーマン・ショックがあったことが思い浮かぶでしょうか。とすれば，アメリカが2010年代に日本にとっての最大の貿易相手国であることは難しそうです。すると，アメリカを除外すれば，最大の国は中国ということになりそうだextとなるわけです。したがって，本問は正しいです。

経済の歴史は，試験対策として勉強を行っていると思いますが，このように試験本番時における現場思考の材料としても使うことができるため，主要な出来事と年代には十分に注意を払いつつ学習するようにしてください。

次からは，（解法の鉄則）の②に示したことを確認していきます。

（設問4）

2017年11月から始まった新しい外国人技能実習制度に関する次のア〜オの記述のうち，妥当でないものの組合せはどれか。

ア　新しい制度が導入されるまでは，外国人の技能実習制度は，専ら外国人登録法による在留資格として定められていた。

イ　技能実習の適正な実施や技能実習生の保護の観点から，監理団体の許可制や技能実習計画の認定制が新たに導入された。

ウ　優良な監理団体・実習実施者に対しては，実習期間の延長や受入れ人数枠の拡大などの制度の拡充が図られた。

エ　外国人技能実習制度の円滑な運営および適正な拡大に寄与する業務を，国際協力機構（JICA）が新たに担うことが定められた。

オ　外国人技能実習制度の適正な実施および外国人技能実習生の保護に関する

業務を行うため，外国人技能実習機構（OTIT）が新設された。

1　ア・エ
2　ア・オ
3　イ・ウ
4　イ・エ
5　ウ・オ

（H 30 – 47）

　政治・経済・社会の解法のテクニックとして真っ先に挙げられるのが，方向性の確定です。

　政治・経済・社会は，ある制度の概要を問うものが多いです。そして，ある制度には，二極的な視点があることがほとんどです。そこで，考えられる二極的な視点をまずは考えてしまうとよいでしょう。

　例えば，　設問4　であれば，「外国人技能実習制度」について，次の1-2のような二極的な視点を考えてみます。外国人に関する制度ということですから，次の2つの対立が考えられるでしょう。

● 1-2　外国人制度における視点

> ①　国家の政策的な便宜を図る
> ②　外国人の保護を図る

　この2つの対立になることは，問題をざっと読むだけでもなんとなく把握できると思います。そのうえで，いずれの方向性で考えるかを決めてしまいます。外国人技能実習制度は，平成28（2016）年度にも出題されていますし，日々のニュース等の感覚からすれば，1-2の②を重視する方向性で検討していくのが妥当であると考えられます。

　次に，なるべく具体的な内容を述べる選択肢を避け，より抽象的な説明にとどまるものを検討してください。具体的な内容には，細かいひっかけがある可能性が高いため，大きな枠組みの説明をしている記述を優先的に検討することによって，答えが導きやすくなるからです。

　これを前提に，　設問4　を検討してみましょう。

　まずは，記述アです。

ア　新しい制度が導入されるまでは，外国人の技能実習制度は，専ら外国人登録法による在留資格として定められていた。

　これは，制度導入までの沿革を知っているかが問われていますが，二極的な視点も記載されていませんし，具体的な法令名もあるので，いったん避けます。

イ　技能実習の適正な実施や技能実習生の保護の観点から，監理団体の許可制や技能実習計画の認定制が新たに導入された。

　②の視点から問題が作られています。許可制や認定制を敷くことで，外国人の保護に資するというのですから，方向性から考えて妥当であると判断しておきます。

ウ　優良な監理団体・実習実施者に対しては，実習期間の延長や受入れ人数枠の拡大などの制度の拡充が図られた。

　①と②の間にあるような記述です。外国人の保護を考えれば，団体ごとの受入れ人数枠の拡大は適切ではないような気もするな。もっとも，「優良な監理団体」に限定をしているのだから，そこは別にいいのかな？　というところなので，ここは無理に判断をせず，避けておきます。

エ　外国人技能実習制度の円滑な運営および適正な拡大に寄与する業務を，国際協力機構（JICA）が新たに担うことが定められた。

　円滑な運営というのは，①からの視点でよく使われます。もっぱら国家側の便宜を図る趣旨です。この時点で，ちょっと×っぽいな，と思えます。「適正な」という部分はなんとなく良さそうです。さらに，JICAという具体的な機関名称が出ているため，積極的な判断は避けておきたい。以上より，エは妥当でない，という方向で考えておきます。

オ　外国人技能実習制度の適正な実施および外国人技能実習生の保護に関する業務を行うため，外国人技能実習機構（OTIT）が新設された。

　「適正な実施」，「外国人技能実習生の保護」という記述があるため，②の視点

から考えれば妥当であるように思えます。もっとも，OTITという具体的な機関名称が問われているため，積極的な判断は避けておきます。以上より，オは妥当である，という方向で考えておきます。

これを整理すると，次のようになります。

ア　△（判断しない）
イ　○
ウ　△（①と②の視点が混ざっているので，判断が難しい）
エ　△×（①の視点で作られている）
オ　△○（②の視点で作られている）

ここで，選択肢の組合せを検討すると，以下のようになっています。

1　ア・エ
2　ア・オ
3　✖・ウ
4　✖・エ
5　ウ・オ

イは，②の視点から考えると妥当であり，かつ抽象的な説明にとどまるため，かなり自信を持って○としました。したがって，イを含む3と4を消去します。
次に，オは，②の視点から考えると妥当であり，エは，②の視点から考えると妥当ではありません。具体的な機関名称が問われているのが怖いですが，これ以上は手詰まりなので思い切って判断して，2と5を消去します。
以上より，正解は1であると判断します。

設問5

通信の秘密に関する次のア〜オの記述のうち，妥当でないものの組合せはどれか。

ア　通信の秘密を守る義務を負うのは電気通信回線設備を保有・管理する電気通信事業者であり，プロバイダなど他の電気通信事業者の回線設備を借りている電気通信事業者には通信の秘密保持義務は及ばない。

イ　電気通信事業者のみならず，通信役務に携わっていない者が通信の秘密を

侵した場合にも，処罰の対象となる。
ウ　通信傍受法*によれば，薬物関連，銃器関連，集団密航関連など特定の犯
　　罪に限り，捜査機関が裁判所の令状なしに通信の傍受をすることが認められ
　　る。
エ　刑事施設の長は，通信の秘密の原則に対する例外として，受刑者が発受信
　　する信書を検査し，その内容によっては差止めをすることができる。
オ　通信の秘密には，通信の内容のみならず，通信当事者の氏名・住所，通信日時，
　　通信回数も含まれる。

(注)　*　犯罪捜査のための通信傍受に関する法律

1　ア・イ
2　ア・ウ
3　イ・エ
4　ウ・オ
5　エ・オ

(R 1 - 55)

　設問5 のテーマは，通信の秘密です。このテーマは，受験生のほとんどが
学習したことがないものであるにもかかわらず，正答率が70％以上と比較的高
いものでした。その要因は，方向性判断で正解を導くことができたからではない
かと思います。
　通信の秘密に関しては，次のような対立する利益が考えられます。

● 1-3　通信の秘密における視点

①　情報取得の有益性
②　プライバシーの保護

　①の情報取得の有益性の方向性から考えれば，通信の秘密にはある程度例外を
許容するということになるでしょう。一方，②のプライバシーの保護の方向性か
ら考えれば，通信の秘密は厳格に守られるべきだということになります。
　これを前提に，各記述を読んでみましょう。

　ア　通信の秘密を守る義務を負うのは電気通信回線設備を保有・管理する電気
　　通信事業者であり，プロバイダなど他の電気通信事業者の回線設備を借りて

いる電気通信事業者には通信の秘密保持義務は及ばない。

　これは，少なくとも②の方向性ではありません。プライバシーの保護を重視するのであれば，どのような電気通信事業者であっても秘密保持義務を遵守すべきだからです。

イ　電気通信事業者のみならず，通信役務に携わっていない者が通信の秘密を侵した場合にも，処罰の対象となる。

　記述イは，アとは逆の方向性で考えられています。プライバシー保護を重視するため，処罰の対象を広げようということですね。したがって，②の方向性で記述されているものと考えてよさそうです。

ウ　通信傍受法によれば，薬物関連，銃器関連，集団密航関連など特定の犯罪に限り，捜査機関が裁判所の令状なしに通信の傍受をすることが認められる。

　ウの記述は，微妙なラインです。「特定の犯罪に限」っている点では，②の方向性で考えることができます。もっとも，「裁判所の令状なしに」という点では，①の方向性の記述です。本記述は，両者が混在しているため，無理に判断せず，保留にしておきます。

エ　刑事施設の長は，通信の秘密の原則に対する例外として，受刑者が発受信する信書を検査し，その内容によっては差止めをすることができる。

　エは，通信の秘密の例外を認めようというのですから，①の方向性の記述ですね。

オ　通信の秘密には，通信の内容のみならず，通信当事者の氏名・住所，通信日時，通信回数も含まれる。

　オは，通信の秘密を，その内容だけでなく，様々な情報にまで広げようとしています。通信の秘密の保護範囲を広げようというのですから，②の方向性の記述であることがわかります。

ここまでをまとめると，次のようになります。

ア　①の方向性の記述（少なくとも②ではない）
イ　②の方向性の記述
ウ　両者の方向性が混在しているため，判断を保留
エ　①の方向性の記述
オ　②の方向性の記述

　まず，違う方向性が組み合わさっている選択肢を除外しておきます。したがって，選択肢1・3・5を切って除いておきましょう。
　これで，選択肢2か4というところまで絞ることができました。

~~1~~　ア・イ
2　ア・ウ
~~3~~　イ・エ
4　ウ・オ
~~5~~　エ・オ

　あとは，①の方向性で考えるか，②の方向性で考えるかを選択する形になります。ここで，多くの受験生は，②の方向性で考えるようにしたのでしょう。一般論としても，個人情報を保護する要請が強いことは学習していますから（特に，個人情報保護法の学習），②の方向性で考えるほうが法の趣旨に則していそうです。
　したがって，妥当でないもの（①の方向性）の組合せとしては，2が正解と判断できます。

設問6

「フランス人権宣言」に関する次の記述のうち，妥当なものはどれか。

1　個人の権利としての人権を否定して，フランスの第三身分の階級的な権利を宣言したものである。
2　人権の不知，忘却または蔑視が，公共の不幸と政府の腐敗の原因に他ならない，とされている。
3　人は生まれながらに不平等ではあるが，教育をすることによって人として

の権利を得る，とされている。

4　あらゆる主権の源泉は，神や国王あるいは国民ではなく，本質的に領土に由来する，とされている。

5　権利の保障が確保されず，権力の分立が規定されないすべての社会は公の武力を持ってはならない，とされている。

（R 2 - 48）

設問6 は，単純に方向性を考えることができます。

フランス人権宣言自体は，過去問でも何回か出題されたことがありますから，**人権の先駆**のようなイメージを持っている受験生が多いでしょう。そのため，選択肢を**人権を最も重視しているもの**という方向性で検討していけばいいでしょう。

1の記述は，「個人の権利としての人権を否定」としてしまっていますから，明らかに方向性に反します。

2の記述は，「人権の不知」などが，「不幸」と「政府の腐敗」につながるというのですから，人権を重視せよという方向であることがわかります。したがって，2は方向性的に正しいです。

3の記述は，「人は生まれながらに不平等」と言ってしまっています。明らかに法の下の平等を軽視するものですから，方向性に反します。

4の記述は，「主権の源泉」を「領土」に求めてしまっています。個人に求めていないことから，方向性に反します。

5の記述は，前半はよさそうですが，「公の武力」というのが気になります。微妙なラインなので，保留にしておきます。

そうすると，方向性として妥当なものは，2であることがわかるので，これが正解であると判断することができます。

以上が，方向性判断というテクニックです。もちろん，テクニックですから，通用しない問題もありますが，無闇に判断するよりは遥かに正答率が上がるため，過去問を使って訓練してみるとよいでしょう。

それでは，解法の鉄則 にある最後です。解法テクニックが使えそうな問題をいくつか紹介していきます。

設問7

❶▷ 日本の製造業における国内法人および海外現地法人の設備投資額のうち，

海外現地法人の設備投資が占める割合は一貫して上昇している。

（H30-50-4）

❷▶ 日本との間に国交が成立していない国・地域との貿易取引は，日本では全面的に禁止されている。

（H30-50-5）

❸▶ 出産した母の年齢層別統計を見ると，ここ30年間は一貫して20代が最多を占めている。

（R2-54-オ）

設問7 の各記述は，いずれも「一貫して」，「全面的に禁止」というように，例外を排除しています。このような問題は，射程が非常に狭くなるため，誤りになる可能性が高いです。そこで，本問は，いずれも誤りと判断することができます。

設問8

❶▶ 都道府県警察の設置した防犯カメラが特定の建物の入口を監視していることを理由に，裁判所により撤去を命じられた事例がある。（H30-54-ウ）

❷▶ 図書館等で防犯カメラを設置する場合，設置場所を明示し，撮影されることを知らせることが必要であるとする地方自治体がある。（H30-54-オ）

❸▶ 家庭から排出される一般廃棄物の処理は市区町村の責務とされており，排出量を抑制するなどの方策の一つとして，ごみ処理の有料化を実施している市区町村がある。

（R1-53-イ）

❹▶ 高齢化，過疎化が進む中山間地域や離島の一部では，アート（芸術）のイベントの開催など，アートを活用した地域再生の取組みが行われている。

（R2-53-イ）

❺▶ シャッター街の増加など中心市街地の商店街の衰退が進むなかで，商店街の一部では空き店舗を活用して新たな起業の拠点とする取組みが行われている。

（R2-53-エ）

設問8 に取り上げたものは，架空問題が作りにくいです。本問の各記述を誤りとするためには，いずれも，裁判事例，地方自治体，離島などをすべて調べ

あげたうえで，「よし，そのような事例は存在しないね。誤りであることの裏取りができたぞ」と確認できなければなりません。

しかし，例えば，日本の裁判事例は，年間で約360万件です。とすれば，❶を誤りである趣旨の問題にするには，360万件すべてについて検索をかけ，「うん，そういう事例はないね」という裏取りをしないといけません。そんな問題を作る可能性が高いといえるでしょうか。こういう考え方を解法テクニックとして使えるようにしておきましょう。

❷❸についても，同様です。都道府県レベルであれば，47で済みます。しかし，市町村レベルになると，約1700ほどあります。裁判事例よりは遥かにマシですが，やはり，「うん，そういう自治体はないね」という裏取りをするのは困難です。したがって，これらの問題はいずれも正しいものであると考えていくようにするとよいでしょう。

なお，この解法は，**法令**が対象となっている場合には，使えません。

つまり，「○○法には，△△という場合における規制がある」という問題です。これは，裏取りがとても簡単です。規制があるかないかは，法令検索をすればすぐにわかるからです。もっと言えば，専門書には，「△△という規制はない」と明確に書いてくれています。したがって，このような問題は誤りの記述を作りやすいので，直ちに正しいものと判断してはいけません。

設問9

❶ ▶ 防犯カメラの設置は許可制であり，私人が設置する場合には都道府県公安委員会の許可を受ける必要がある。　　　　　　　　　　（H 30 - 54 - ア）

---

❶を換言すると，防犯カメラの設置は，法令で許可制が採用されているか，ということが聞かれています。この記述を，「あぁ，まぁ防犯カメラって勝手に映像を撮っちゃうものだしな。確かに，許可制とか取られていそうだな」というように考えるのは危険だということです。本問は，法令における話です。この場合，上記のような解法手順を取ることができません。ここは，△で流すべきなのです。

---

❷ ▶ 兼業・副業について，許可なく他の企業の業務に従事しないよう法律で規定されていたが，近年，人口減少と人手不足の中で，この規定が廃止された。　　　　　　　　　　（R 1 - 50 - ウ）

これも，❶と同様です。法令の規定が廃止されたかどうかは，比較的簡単に調べることができます。そのため，ここに関する知識が明確にない限り，無理やり判断してはいけません。

法令にあるか否かという問いは，　設問8　と同じように見えても，問題制作における作問者の裏取りの手間に大きな差があります。そのため，誤りの記述を作りやすく，解答する側も異なったアプローチをする必要があります。ちなみに，本問は，❶❷ともに誤りです。この解法は，確実に押さえておきましょう。

本章の最後として，**仲間はずれを探す**という解法を紹介しておきます。これも，全く答えが出せないときに使えるかもしれません。では，問題を見ていきましょう。

設問10

❶▶ 次世代育成支援対策推進法は，総務大臣の定める指針に即して，一般事業主が行動計画を策定するように義務づけている。指針で行動計画に盛り込むことがまったく予定されていない事項は，次のうちどれか。

1　多数の来訪者が利用する社屋等で子どもを連れた人が安心して利用できるよう，託児室や授乳コーナー，乳幼児と一緒に利用できるトイレの設置などの整備を行うこと。
2　子どもの出生時に，父親が5日程度の休暇を取得しやすい環境を整備すること，あるいは父親が年次有給休暇や育児休業を取得しやすくすること。
3　チャイルドシートの貸出しや再利用，業務に使用する自動車の運転者に対する交通安全教育など，子どもを交通事故から守るために必要な措置を実施すること。
4　心豊かな子どもを育むため，保護者の働いているところを子どもが実際に見ることが出来る「子ども参観日」を実施すること。
5　小学校就学時から高校卒業時に至るまでの学齢期の子どもが病気になった時に，親が1年について5日以上の看護休暇をとることが可能な制度を実施すること。

(H17-53)

子育てや高齢問題は，本試験でもよく出題されていますが，本問のような視点から学習をしていたという受験生はほとんどいないと思います。しかし，この問題は，全く未知のものであることを認めたうえで，仲間はずれの選択肢を探せば，あることに気づくと思います。

そうです。１から４までは，いずれも，乳幼児等を対象としています。一方，５だけが，「小学校就学時から高校卒業時」というように，その幅が一気に広がっています。すると，５だけが明らかに異質です。したがって，５が全く予定されていない事項なのではないかと考えることができるわけです。これが，仲間はずれを探すという解法です。続いて，❷を同様に考えてみてください。

---

❷▶ 現行の選挙制度において，インターネットによる選挙運動が可能となっているものもあるが，次の記述のうち，妥当なものはどれか。

1 候補者が，当選又は落選に関し，選挙人に挨拶する目的をもって，ホームページや電子メールを利用した選挙期日後の挨拶行為をすることは，可能である。
2 候補者が，選挙運動用のホームページに掲載された文言を選挙期日当日に更新することは，可能である。
3 一般の有権者が，電子メールを送信することによる選挙運動を行うことは，可能である。
4 未成年者が，ホームページや電子メールを用いた選挙運動を行うことは，可能である。
5 候補者が，屋内での演説会開催中に選挙運動用のウェブサイトをスクリーンに映写しながら政策を語ることは，可能ではない。

(H 26 - 55)

選挙制度自体も本試験で頻出ですが，ここまで学習をしていたという受験生はほとんどいなかったと思われます。しかし，この問題も仲間はずれを探すという解法が通用します。２から５までは，いずれも選挙運動中の話です。これに対して，１だけが選挙期日後の話をしています。ここに気づけば，「選挙運動の規制は，選挙運動中に厳しくなるはずだ。とすれば，選挙期日後であれば，そこまで規制する必要はないよな」というような思考ができるはずです。したがって，❷は，１の記述が妥当なものであると考えることができます。

■ 政治・経済・社会の攻略法

政治・経済・社会の問題は，主に次の3つに分けることができます。

① **過去問や一般的な政治・経済・社会に関する問題**（以下，「グループ①」とします）
② **時事問題**（以下，「グループ②」とします）
③ **バラエティ問題**（グループ①・②に属さず，かつ受験生一般が予想できないような問題のことを指します。以下，「グループ③」とします）

平成27（2015）年度から令和2（2020）年度までの本試験を分析してみましょう。

平成27（2015）年度
　グループ①：問47（国際連合と国際連盟），問48（選挙制度），問50（日本経済）
　グループ②：問49（貧困と生活困窮）＊，問51（空き家問題），問53（高齢者問題）＊
　グループ③：問52（日本の島）
　＊　問49と53は，グループ①にも属しますが，最新のデータが問われているため，②にグルーピングしています。

平成28（2016）年度
　グループ①：問47（日本と核兵器），問51（戦後復興期の日本経済）
　グループ②：問48（参議院選挙制度）＊，問49（省庁再編）＊，問50（TPP）＊，問52（日本社会の多様化）
　グループ③：問53（自然災害）
　＊　問48，49，50は，グループ①にも属しますが，内容が最新の情報であるため，②にグルーピングしています。

平成29（2017）年度
　グループ①：問48（年金制度），問52（消費者問題・消費者保護）
　グループ②：問49（農業政策）*1，問50（ビットコイン）
　グループ③：問47（各国の政治指導者）*2，問51（度量衡），問53（山崎豊子の著作）
　＊1　問49は，グループ①にも属しますが，内容が「最近の」とされていることから，②にグルーピングしています。
　＊2　問47は，グループ①にも属しますが，内容がバラエティなので，③にグルーピングしています。

平成30（2018）年度
　グループ①：問50（日本の貿易および対外直接投資），問52（地方自治体の住民）
　グループ②：問47（外国人技能実習制度）
　グループ③：問48（資格の管轄），問49（生協），問51（日本の墓地・死体の取扱い），問53（風適法），問54（防犯カメラ）

令和元（2019）年度
　グループ①：問47（日中関係），問48（女性の政治参加），問49（行政改革），問51（経済用語），問53（廃棄物処理）
　グループ②：問50（日本の雇用・労働）*，問52（元号制定）
　グループ③：該当なし
　＊　問50は，グループ①にも属しますが，最新の情報も含まれているため，②にグルーピングしています。

令和2（2020）年度
    グループ①：問47（普通選挙），問48（フランス人権宣言），問49（日本のバブル経済），問50（日本の国債制度），問51（日本の子育て政策）
    グループ②：問52（新しい消費の形態）
    グループ③：問53（地域再生，地域活性化などの政策や事業），問54（日本の人口動態）

　例年，バラエティ問題は2〜3問ほどありますので，令和元年度はイレギュラーな年といえるでしょう。この傾向が続くかどうかはわかりませんが，グループ③の対策はまず無理ですから，気にしないほうがよいと思います。グループ③については，本書で紹介している解法テクニックをしっかりと使って正解らしいものをさらっと選んでいくようにしてください。

　私たちが準備をしておかなければならないのは，グループ①，②ということになります。

　グループ①，②に限定をかければ，ある程度対策は見えてきます。

　グループ①は，いわゆる一般的な政治・経済・社会の範囲から出題されるものです。大学受験を終えたばかりの受験生のほうが，比較的点数が取れているので，基本的には大学入試共通テストのような知識をとにかく押さえればよいということになります。

　特に，本試験の頻出テーマは次のとおりです。

① 選挙制度
② 国家財政・地方財政
③ 環境問題
④ 労働問題
⑤ 社会保障問題（少子・高齢化等も含む）

まずは，ここに挙げた5つのようなテーマに限定をかけてしっかりと学習するようにしましょう。

　また，最新時事・キーワードのようなものも押さえておくと安心です。例えば，令和2（2020）年度本試験では，近年話題となった「サブスクリプション」という用語の意義について問われています。このような話題についていけるように，最新の動向を常に意識することが重要です。

　なお，時間の関係でなかなか最新の動向を見ている暇がないという場合，以下のような書籍を読んでおくとフォローすることができます。

●日経キーワード 2021-2022（日経HR編集部，日経HR）
●2021年度版 ニュース検定公式テキスト（日本ニュース時事能力検定協会，毎日新聞出版）

2. 文章理解

➡ 総合問題集 **Chapter 5**

イントロダクション

　文章理解は，一般知識等の基準点を突破するうえで最重要になる科目です。事前の知識がほぼ不要であるため，勉強をしなくても満点が取れるという受験生もいます。一方で，文章理解が苦手でどうしても点数が伸びないという悩みを抱えている受験生もいます。そこで，本章では，文章理解が得意な人が自然にやっていることを意識的に解説していきます。本章で学習したことを意識して，問題演習をやり続ければ，必ず2〜3問は点数が取れるようになるまでの力は伸ばせるはずです。

内容・趣旨把握型，短文型，並び替え型

解法の鉄則

① 与えられた文章と選択肢を正確に照合する
→ 自分の考えを入れることは禁止
→ 一般論を踏まえることも禁止
② 言葉のリンクを意識する
③ 指示語を意識する
④ 接続語を意識する

　まずは，内容・趣旨把握型の問題を見てみましょう。近年出題されなくなった形式ですが，いつ復活するかわかりませんので，簡単な解法技術については知っておくべきです。内容・趣旨把握型の解法のポイントは，とにかく，与えられた文章と選択肢を正確に照合し，きっちりと合致するかを読み解くことです。ここが **解法の鉄則** の1つめです。

　問題文によっては，合致の程度がそこまで高くないものもあったりするので，選択肢の関係でより合致の程度が高いものを選んでいくことが重要です。

　その際，自分の考えを入れることは絶対にやめてください。自分はこう思う。自分の経験からすると，こうだ。ということをやっても問いに答えたことにはなりません。また，一般論を踏まえることも禁止です。これは結構やってしまいがちです。作問者としても，一番ひっかけやすいのは，<mark>一般論としては正しいこと</mark>

を言っているけれども，本文には全くそんなことは書かれていないという選択肢です。そのため，一般論として正しいかどうかはさておき，とにかく与えられた文章と丁寧に照合をしていくことが重要です。

　なお，与えられた文章と選択肢を照合する際には，次のようなことに気をつけるとよいでしょう。

● 2-1　文章理解問題における誤りの選択肢の類型

① 　誇張（言い過ぎ）
② 　逆（問題文と選択肢が逆のことを述べている）
③ 　架空（問題文に書かれていない）

設問1

　次の文章は，近隣諸国との関係について「日本語」を軸に考えている。1～5のうち，本文の内容・趣旨と最も適合するものはどれか。

　ある言語による表現の流通が，その言語を理解する人々の範囲（言語圏）によって限定されるという事態が，すべての言語において共通である。たとえ，英語圏の人口が実質的に大きいといっても，そのことによって，英語で表現された思考は英語圏においてのみ流通し，享受されうるという限界の本質が変化するわけではない。それでも，日本語の場合に事情が特殊なのは，それが話される地理的範囲が，ほぼそのまま「日本」という国民国家の範囲と一致するからである。

　日本語によって表現されたすべての思考は，ほぼ自動的に日本語圏でしか享受されないものになる。この言語的な限界のもたらす弊害は，今日の日本では特に，国際関係に関する言説において顕著である。近隣諸国の政治的ふるまいや文化に対する批判的言説を表明すること自体は，表現の自由の範囲内のことである。しかし，批判の対象となる相手に趣旨が正しく到達し，反論があればこちらもそれを真摯に受け止めるという双方向性のプロセスがあってこそ，批判はその社会的身体を全うする。国際関係に関する言説の事実上の読者が，批判の対象になっている国の国民ではなく，批判することはあってもされることのない，いわば安全圏にいる「身内」でしかないことは，これらの批判的言説のアクチュアリティを著しくそぐとともに，論者たちの知的モラルを低下させる事態を招いてしまうのである。

　世界の中には，現状で数千種類の言語があるともいわれる。どれほどの言語の天才でも，それらのすべてに通暁することは不可能だろう。聖書の中の「バ

ベルの塔」の寓話は，世界の中にお互いに話が通じない複数の言語が存在するという状況のもたらす絶望を見事にとらえている。グローバル化とはいっても，私たちは，まさに，バベルの塔のまっただ中に住んでいるのだ。これは考えてみると恐ろしい事態のはずである。昨今の日本の論壇における，内輪向けの威勢のいい言説の隆盛は困った現象であるが，複数の言語が存在するという事態が人間精神に及ぼす潜在的に破壊的な影響に比べれば，認識論的にはトリヴィアルな問題とさえいえるかもしれない。

（出典　茂木健一郎「言語の恐ろしさ」より）

1　日本語が日本語圏でのみ通用することは，日本語での言説が内容的に正確で十分な表現力を持たないこととなり，双方向性を阻害してしまう。
2　近隣諸国の日本に対する批判や反論は，日本国内で十分に論議されており，その上で日本語による国際関係にかかわる批判が行われている。
3　他に対する批判は，それが対象に正しく伝わり趣旨が理解されることが前提であり，それによる双方向的プロセスが事態を改善する可能性を生む。
4　「バベルの塔」的言語状況は，話が通じないことによる絶望をもたらすが，その現状を理解することにより，事態改善の展望が開かれねばならない。
5　ある言語による言説の表現到達力の限界は，国という地理的範囲にあり，そのことの理解なしに現実の国際関係に対応することは問題である。

（H 19 - 58）

選択肢１から問題文と照合をかけていきます。
「日本語が日本語圏でのみ通用」という部分は，第２段落目の「ほぼ自動的に日本語圏でしか享受されない」というところと，ほぼ合致します。もっとも，同段落には，「双方向性のプロセスがあってこそ，批判はその社会的身体を全うする」とあり，「双方向性」という言葉が使われていますが，「阻害」するというような内容を発見することができません。また，「日本語での言説が内容的に正確で十分な表現力を持たない」旨の文章は，同段落からは発見できません。したがって，この選択肢は趣旨と適合しない可能性が高いです。このように，文章との照合は，かなり正確に行う必要があります。
選択肢２の検討に入ります。
選択肢の「近隣諸国の日本に対する批判や反論」という部分は，問題文の２段落目「近隣諸国の政治的ふるまいや文化に対する批判的言説を表明」という部分と合致します。しかし，同段落に，「日本国内で十分に論議されて」いる旨の内容は書かれていません。したがって，選択肢２は趣旨に適合しない可能性が高い

です。

　選択肢3の検討に入ります。

　選択肢3の「双方向的プロセス」というのは，問題文の第2段落「双方向性のプロセス」という部分と合致します。ここを更に，詳細に照合しましょう。選択肢は，「批判は……双方向性プロセスが事態を改善する可能性を生む」としています。一方，問題文は，「反論があればこちらもそれを真摯に受け止めるという双方向性のプロセスがあってこそ，批判はその社会的身体を全うする」としています。選択肢は，批判による双方向性プロセスが事態を「改善」するという話をしており，問題文は，双方向性プロセスがあれば「批判は社会的身体を全うする」というのですから，内容的には，双方向性プロセスの中において，批判がプラスの方向で働くような趣旨を述べています。微妙に言葉の使い方が違いますが，合致しなくはなさそうです。

　選択肢4の検討に入ります。

　「バベルの塔」は，問題文の最終段落に出てきます。この辺りを読んでいくようにしてください。すると，問題文が「バベルの塔……は，……絶望を見事にとらえている」としており，選択肢も「『バベルの塔』的言語的状況は……絶望をもたらす」となっているため，この点は合致していそうです。もっとも，選択肢には，さらに「その現状を理解することにより，事態改善の展望が開かれねばならない」とされていますが，問題文の続きを読んでみても「事業改善の展望」というような話は出てきません。したがって，後段が趣旨と合致しなさそうです。

　選択肢5の検討に入ります。

　5の「ある言語による言説の表現到達力」というのは，問題文の第1段落に「ある言語による表現の流通」という似た表現があります。問題文を更に読み進めると，「日本語の場合に事情が特殊なのは，それが話される地理的範囲が，ほぼそのまま『日本』という国民国家の範囲と一致する」とあります。選択肢では，「国という地理的範囲にあり」とありますから，ここは合致していそうです。しかし，選択肢の「現実の国際関係に対応することは問題」という旨は，問題文の第1段落には言及されていません。したがって，この部分が問題文と合致しなさそうです。

　以上により，最も趣旨に適合するのは，選択肢3であると考えることができます。

　このように，試験では，架空のもの，つまり問題文には書かれていないものを発見せよという趣旨の出題が多いです。そのため，問題文と選択肢を正確に照合させて，書かれていない部分を炙り出していくように解いてください。

次に，**解法の鉄則** の②を並べ替え問題をとおして見ていきます。このタイプの問題文は，内容の理解というより，言葉同士のリンクや，指示語・接続語のつなぎ方でほぼ正解に行きつくことができます。ここでは，近年の試験問題を使って，その解法手順をお伝えしています。

設問2

本文中の空欄 _____ に入る文章を，あとのア～オを並べ替えて作る場合，その順序として妥当なものはどれか。

一九八七年の夏，志摩の漁村をおとずれた。そこで知人の漁民から，漁の話をいろいろきいた。そのとき，海のうえでの漁場の位置はヤマをみてきめるのだ，ということを具体的にしった。そういうことをいままでしらないでもなかったが，あまり真剣にかんがえたことがなかった。それからわたしは興にひかれて漁場の本をいろいろよみあさった。

漁師は，漁場のことをバという。そのバは，ヤマをたててきめる。魚は海のどこにでもいるわけではない。海はひろいが，魚がいるのは，その一部のごくかぎられたところである。魚がいつも群れているところは，海の中の点でしかない。 _____ そこで，そのバをおぼえるのには，陸をみる。たとえば，浜辺の岩とそのむこうの一本杉とをかさねて，一直線の見通し線をたてる。また，べつの方向の煙突とそのむこうの山の頂きとをかさねて，見通し線をたてる。そして，その交点にバがくるようにする。つまり，陸上の四点の地形，地物を選びだして二本の直線をひき，その交点としてバをおぼえるのである。そのような陸上のランドマークとなるものは，岩であれ，杉の木であれ，煙突であれ，山であれ，なんでもいい。漁民にしてみれば，特徴のある陸上の地形，地物はみなヤマになりうる。わたしたちが試験のときにヤマをかけるといい，ヤマカンというのは，みなこのヤマからきている。それほどたいせつなヤマだから，漁師の頭のなかには，ヤマがいっぱいつまっている。たとえば，わたしたちが船で釣にいったときなど，漁師がここで釣れ，といい，もしそこで釣れないときには，船を動かしてべつのところに移動する。そのとき漁師は，わたしたちの顔をみず，陸地ばかりみて操船している。よい漁師とは，ヤマのよくみえる漁師のことである。漁師という漁師は，すべて，一生ヤマばかりみてくらす。

(出典　上田篤「日本の都市は海からつくられた」から)

ア　それを食べる魚がいて，またさらに大きな魚もくる。
イ　岩礁には穴がたくさんあって，そこを隠れ家とする小魚がいっぱいいる。

ウ　しかし，そこは，海のうえからみてもなにもわからない。
　エ　たとえば，バでいちばんおおいのは，岩礁である。
　オ　たとえわかっても，海のうえに印をつけることができない。

　1　イ→ア→エ→ウ→オ
　2　イ→ウ→オ→エ→ア
　3　エ→イ→ア→ウ→オ
　4　エ→ウ→イ→ア→オ
　5　エ→オ→ウ→イ→ア

（H 29 - 60）

　まず，選択肢を見ると，最初にくる記述は，イ，エのいずれかです。ここで，言葉のリンクに焦点を絞ると，空欄の前後には，「バ」という語句があり，記述エにも「バ」という語句が使われています。そのため，最初に入るのは，「バ」という言葉でつながる記述エではないかと考えることができます。

　また，記述エで使われている「岩礁」は，記述イでも使われています。ここも言葉のリンクでつなげることができます。

　これで，正解が3の可能性が高くなりました。以下，正解が3ではないかという前提で問題を解いていきます。近年の問題は，並び替えの候補が挙げられていることが多いので，正解の候補が絞れてきたら，これを前提に解いていくと飛躍的に解きやすくなります。

　記述アには，「それを食べる魚」とあります。指示語である「それ」に適当なものが記述イにあるかを見てみると，記述イには「小魚」があります。すると，「小魚を食べる魚がいて」となり，文として適切であることがわかります。したがって，エ → イ → アという流れで良さそうです。

　残りは，ウ → オか，オ → ウの流れになるかです。これは比較的判断しやすく，記述オの「たとえわかっても」というつなぎ方から，記述オの前には，「わからない」という趣旨の記述が入るだろうということが判断できます。要するに，接続のつなぎで判断していくわけです。すると，記述ウには，「海の上からみてもわからない」とありますから，ウ → オという流れで良いことがわかります。

　以上より，「エ→イ→ア→ウ→オ」という順になります。したがって，正解は3です。

　次からの 設問3 および 設問4 は，解法の鉄則 の③と④に示したよう

に，指示語と接続詞を意識しながら，問題文を読んでいきましょう。

設問3

　本文の後に続く文章をア〜エを並べ替えて作る場合，順序として適当なものはどれか。

　「響」は「郷＋音」で成り立っています。「音が鳴りわたる」という意味から考えても，文字の構成要素に「音」が組み込まれているのは，いかにももっとも。なるほどと納得です。しかし，ではもうひとつの要素の「郷」はどういう由来なのでしょうか。(中略)

　じつはこれは，ごちそうが並んだ食卓をはさんで二人の人が向き合っている姿を表しているのです。

　今では「郷」というと，「故郷」とか「郷里」など，「さと」「ふるさと」「いなか」の意味合いで使うことがほとんどですが，もともとは「ごちそう＋向かい合った人」が語源。そうした「郷」に「音」がプラスされたのが「響」です。(中略)ごちそうが置かれたテーブルをはさんだ人同士が，「ああだ，こうだ」と会話(＝音)を交わしながら楽しく食事をしている情景を表しています。

　　　　　　　　　　　(高橋政巳・伊東ひとみ「漢字の気持ち」より)

ア　さらに「響」という字の「音」の部分を「食」に替えたら，「饗宴」の「饗」となり，ごちそうでもてなすという意味を表します。

イ　そこからこの字には，ごちそうを一緒に食べ会話をやりとりすることで，音だけでなく「心が伝わる」という意味合いが含まれます。だから「胸に響く言葉」といえば，心に沁み入って感銘を与える言葉という意味になるわけです。

ウ　ごちそうを一緒に食べれば，会話も弾む。心も弾む。みんなでワイワイと仲良く食事をすれば，ごちそうならずとも何だっておいしく感じます。自然とみんなの顔もほころんで，楽しく幸せな気持ちになるというもの。「響」の古代漢字をながめていると，そんな和気あいあいとした食卓の風景が目に浮かんできます。

エ　食というのは，生きていくうえでもっとも基本となる大事な行為。その食をともにすることで，相手を知り，自分を伝えるというのは，コミュニケーションの原点といっても過言ではないでしょう。便利な現代社会にあっては，用件だけなら電話やメールでも伝わります。けれども，やはり直接顔を合わせて話をするのに勝るコミュニケーションはありません。さらに一緒に食事をしたならば，気持ちもほぐれお互いの距離もぐっと縮まります。

1　ア→ウ→イ→エ
2　イ→ア→エ→ウ
3　イ→ウ→エ→ア
4　ウ→イ→ア→エ
5　エ→ウ→イ→ア

（H 26 - 60）

　設問3　は，問題文が長いので，正解の候補になるものから探していきましょう。

　選択肢の候補を見てみると，文頭にくるのが，イの文である可能性が高いです。その理由は，イの文から始まる選択肢が2と3にあり，一番多いからです。

　このように，問題文から正解の候補を絞ってしまうのも1つの手です。もし並べ替えが上手くいかなければまた戻ればいいのです。とにかく，並び替え問題は，正解の候補を検討して，言葉のリンク等を探っていくことが重要です。

　イには，「そこからこの字には」とありますから，「この字」を前文から探してみます。すると，「響」という字があることがわかります。どうやら，イが文頭にくることは問題なさそうだ，と考えるわけです。次にくるのは，アかウです。ここで，アの文で，「さらに」という接続語に着目します。「さらに」というのは付け加えるときに使う語句です。アの内容を簡単に読んでみると，「響」についての説明をしていることがわかります。すると，イの文に，付け加えるという意味で適切だろうと考えることができるわけです。これで，イ→ア，がつながりました。これで，正解は2である可能性が高くなります。

　そこで続いて，エ→ウ，という並びが正しいかを検討してみましょう。

　エの文には，「食」という語句があり，ウの文にも「食べる」，「食事」という語句がありますから，リンクはちゃんとしているようです。また，エの文のほうが，「電話やメールでも伝わります。けれども，やはり直接顔を合わせて話をするのに勝るコミュニケーションはありません。」というように，「食」の場面を含めたコミュニケーション一般について言及していることがわかります。つまり，エのほうが，ウよりも抽象的・包括的な内容が書かれているわけです。一般的に，文章は，**抽象論 → 具体的な説明**という流れをとることが多いですから，エ→ウ，という流れが適切であることがわかります。

　以上より，「イ→ア→エ→ウ」という並び順で問題がないことになりますから，正解は2です。

設問4

　本文中の空欄 _____ に入る文章を，あとのア～オを並べ替えて作る場合，その順序として妥当なものはどれか。

　それにしても，科学というものは，常識的なものの見方を超えた客観性をもつと考えられている。深い経験的な知識が，特定の範囲にかぎって「ほぼ妥当する」のとは違って，科学の知識は「いつでも必ず成り立つ客観性」をもつと信じられている。なぜこのように，科学は万能ともいえる「絶対的な客観性」をもっているのだろうか。万能というと，これはもう信仰の対象に近く，わたしたちは宗教と似たかたちで，科学の客観性を信じているのかもしれない。ところが，実のところ科学は，もっと控えめな客観性しか持ち合わせていないのである。それでも立派に科学の役割は果たされる。

　たとえば，技術上の画期的なアイデアが生まれた場面や，科学的な知識が革命的な飛躍をとげた場面を調べてみると，それらの場面ではほとんど例外なく，発明家や科学者たちが驚きとともに斬新な「ものの見方」を獲得していた事実に気づかされる。科学の歴史をたどると，それこそ無数に実例があるのだが，ここでは話を分かりやすくするために，より身近な具体例で考えてみたい。

（出典　瀬戸一夫「科学的思考とは何だろうか」から）

ア　深い経験的な知識や知恵が，驚きとともに私たちの目を見開かせ，常識の揺らぎを新たな発見へと誘うように，科学にもこれと同様の性格が備わっている。

イ　その客観性は人間の主体的な創造へとつながる「ものの見方」に由来するのである。

ウ　しかし，その性格は，信仰に類する絶対的な客観性や万能性とは違う。

エ　科学はむしろ「控えめな客観性」に留まる点で素晴らしい。

オ　科学がもつのは，もっと控えめな客観性にすぎない。

1　ア→ウ→イ→オ→エ
2　エ→ア→ウ→オ→イ
3　エ→ウ→イ→ア→オ

(R 2 - 59)

　まずは，正解の候補から絞り込みをかけます。　**設問3**　でやったように選択肢の候補を見てみると，エまたはオから始まる可能性が高いことがわかります。もっとも，エとオのいずれにも，「科学」，「控えめな客観性」という言葉のリンクがあるため，この時点では判断することができません。ここは無理せず，保留にしておきましょう。

　次に，記述同士の関係性を検討します。すると，アの文に「……，科学にもこれと同様の性格が備わっている」とあり，ウの文が「しかし，その性格は，……」となっていることに気づくでしょう。これでア→ウ，という流れが正しいことがわかります。この流れがある選択肢は1と2のみなので，いずれかが正解である可能性が高いです。ここで正解の候補を加味すれば，2が答えになりますが，念のため更に検討してみます。オの文には，「……，もっと控えめな客観性」とあり，イの文には「その客観性は……」と続いていることから，言葉のリンクがあることがわかるでしょう。したがって，オ→イ，という流れが適切であることになります。

　以上より，「ア→ウ→オ→イ」という2の流れは正しいことがわかりますので，正解は2です。あまり問題文を深く読み込まず，言葉のリンクや指示語の内容を明らかにすること，そして，選択肢を最大限に活用することで，正解を短時間で導くことができるわけです。

問題　本文中の空欄　Ｉ　および　Ⅱ　には，それぞれあとのア～カのいずれかの文が入る。その組合せとして妥当なものはどれか。

　コミュニケーション失調からの回復のいちばん基本的な方法は，いったん口をつぐむこと，いったん自分の立場を「かっこにいれる」ことです。「あなたは何が言いたいのか，私にはわかりません。そこで，しばらく私のほうは黙って耳を傾けることにしますから，私にもわかるように説明してください」。そうやって相手に発言の優先権を譲るのが対話というマナーです。

　でも，この対話というマナーは，今の日本社会ではもうほとんど採択されいていません。今の日本でのコミュニケーションの基本的なマナーは，「　Ｉ　」だからです。相手に「私を説得するチャンス」を与える人間より，相手に何も言わせない人間のほうが社会的に高い評価を得ている。そんな社会でコミュニケーション能力が育つはずがありません。

　「相手に私を説得するチャンスを与える」というのは，コミュニケーションが成り立つかどうかを決する死活的な条件です。それは「　Ⅱ　」ということを意味するからです。

　それはボクシングの世界タイトルマッチで，試合の前にチャンピオンベルトを返還して，それをどちらにも属さない中立的なところに保管するのに似ています。真理がいずれにあるのか，それについては対話が終わるまで未決にしておく。いずれに理があるのかを，しばらく宙づりにする。これが対話です。論争とはそこが違います。論争というのはチャンピオンベルトを巻いたもの同士が殴り合って，相手のベルトを剥ぎ取ろうとすることだからです。

　対話において，真理は仮説的にではあれ，未決状態に置かれねばなりません。そうしないと説得という手続きには入れない。説得というのは，相手の知性を信頼することです。両者がともに認める前提から出発し，両者がともに認める論理に沿って話を進めれば，いずれ私たちは同じ結論にたどりつくはずだ，そう思わなければ人は「説得」することはできません。

（出典　内田樹「街場の共同体論」から）

ア　自分の言いたいことばかりを必死に情緒に訴えて，相手を感動に導くこと

イ　自分の言いたいことのみを先んじて冷淡に述べ，相手の発言意欲を引き出すこと

ウ　自分の言いたいことだけを大声でがなり立て，相手を黙らせること

エ　あなたの言い分も私の言い分も，どちらも立つように，しばらく判断をキャスティングする

オ　あなたの言い分が正しいのか，私の言い分が正しいのか，しばらく判断をペンディングする

カ　あなたの言い分も正しいけれど，私の言い分はもっと正しいと，しばらく判断をマウンティングする

	I	II
1	ア	エ
2	イ	エ
3	イ	オ
4	ウ	オ
5	ウ	カ

(R2-58)

I　ウ

　本文2段落3文目をみると,「相手に何も言わせない」とあることから,「相手を黙らせる」と述べる記述ウが, <u>　　I　　</u> に入る内容として妥当である。

II　オ

　本文4段落1文目をみると,「それは〜似ています」とあり,本文3段落目の内容を例示していることがわかる。本文4段落1文目の「中立的なところに保管する」,同段落2文目の「対話が終わるまで未決にしておく」,同段落3文目の「しばらく宙づりにする」という表現から,「しばらく判断をペンディングする」と述べる記述オが, <u>　　II　　</u> に入る内容として妥当である。「ペンディング(pending)」は「保留,先送り」という意味で使われ,「キャスティング(casting)」は「映画や演劇等で役を振り当てること」,「マウンティング(mounting)」は「自分の方が相手よりも優位であることを示そうとする行為や振る舞い」を意味する。

　　以上により,空欄に入る組合せとして妥当なものは4であり,正解は4となる。

◼ 編者紹介

伊藤塾（いとうじゅく）

毎年，行政書士，司法書士，司法試験など法律科目のある資格試験や公務員試験の合格者を多数輩出している受験指導校。社会に貢献できる人材育成を目指し，司法試験の合格実績のみならず，合格後を見据えた受験指導には定評がある。1995年5月3日憲法記念日に，法人名を「株式会社 法学館」とし設立。憲法の心と真髄をあまねく伝えること，また，一人一票を実現し，日本を真の民主主義国家にするための活動を行っている。
（一人一票実現国民会議 https://www2.ippyo.org/）

平林 勉（ひらばやし・つとむ）専任講師

2008年　行政書士試験合格
2010年3月　横浜国立大学大学院 国際社会科学研究科修了
2013年3月　高等学校教諭一種免許（公民），中学校教諭一種免許（社会）取得
2017年　司法書士試験合格
2019年　宅地建物取引士試験合格
2011年より伊藤塾行政書士試験対策講座の初学者向け及び中上級者向けの講義を担当。
「体系と思考を重視」し，本質論から導かれる解法メソッドは，再現性と実践性が高く多くの受験生から支持を受け，毎年多数の合格者を輩出している。教育者としての一面も持ち合わせ，カウンセリング予約が取れないほど，直接の指導を求める受験生が後を絶たない。

伊藤塾　〒150-0031　東京都渋谷区桜丘町17-5　https://www.itojuku.co.jp/

■正誤に関するお問い合わせは，ウェブサイトの正誤表［https://nikkeibook.nikkeibp.co.jp/errata］をご確認の上，ご連絡は下記にて承ります。
　https://nkbp.jp/booksQA
※正誤のお問い合わせ以外の書籍に関する解説は，一切行っておりません。
　電話でのお問い合わせは受け付けておりません。
　本書についてのお問い合わせ期限は，次の改訂版の発行日までとさせていただきます。

うかる！ 行政書士 憲法・商法・一般知識等 解法スキル完全マスター

2021年10月20日　1版1刷

編　者　平林 勉／伊藤塾
　　　　©Tsutomu Hirabayashi, Ito-Juku, 2021
発行者　白石 賢
発　行　日経BP
　　　　日本経済新聞出版本部
発　売　日経BPマーケティング
　　　　〒105-8308　東京都港区虎ノ門4-3-12
装　丁　斉藤 よしのぶ
組　版　朝日メディアインターナショナル
印刷・製本　三松堂
ISBN978-4-532-41562-4
Printed in Japan